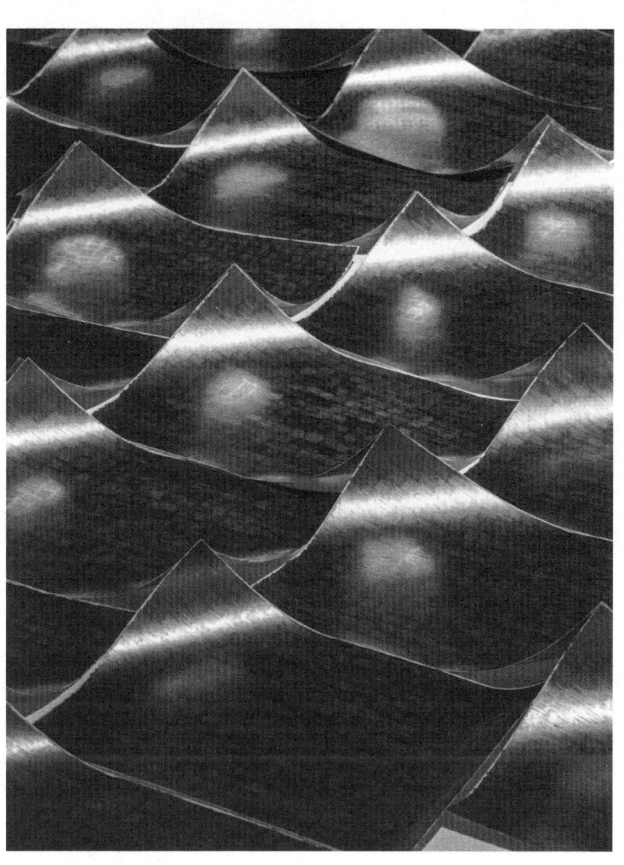

에크리.
다시, 뒷면에게

펴낸날 2025년 6월 18일
지은이 임솔아
펴낸이 이광호
주간 이근혜
편집 최은지 유하은 김필균 이주이 허단 윤소진
마케팅 이가은 허황 최지애 남미리 맹정현
제작 강병석
펴낸곳 ㈜문학과지성사
등록번호 제1993-000098호
주소 04034 서울 마포구 잔다리로7길 18(서교동 377-20)
전화 02)338-7224
팩스 02)323-4180(편집) 02)338-7221(영업)
대표메일 moonji@moonji.com
저작권 문의 copyright@moonji.com
홈페이지 www.moonji.com

ⓒ 임솔아, 2025. Printed in Seoul, Korea

ISBN 978-89-320-4409-5 03810

이 책의 판권은 지은이와 ㈜문학과지성사에 있습니다.
양측의 서면 동의 없는 무단 전재 및 복제를 금합니다.

이 책은 서울특별시, 서울문화재단 '2025년 창작집 발간지원 사업'의
지원을 받아 발간되었습니다.

다시, 뒷면에게　　　　　　　　임솔아

에크리.

차례

프롤로그 6

1부 내 눈동자에서 모니터에 이르기까지의 공간

내가 쉬지 못하는 것 13

내 눈동자에서 모니터에 이르기까지의 공간 24

희고 둥근 부분의 부분 37

2부 비단처럼 부드러운 그 무엇인가가

스물셋 49

너무 맛있는 빵 53

"ㄴr 솔oLoF" 59

잠시 중지된 64

또 무엇이 우리를 기다리고 있을까 72

비단처럼 부드러운 그 무엇인가가 81

첩의 손녀 86

3부 위하는 일

나누지 못했을 이야기 91

나눠본 적 없는 대화는 어떻게 나눌 수 있을까 99

선배의 생일을 축하하러 갔다 109

언니와 나는 동네 친구였다 116

열아홉 살 때 나는 다이미(大味)라는
가게에서 아르바이트를 했다 122

그녀는 40킬로그램 129

위하는 일 134

4부 창작 메모

다른 냄새 145

물음표는 떼어버려도 그만 149

매일 밤 운동장 153

나자로여 나오너라 165

닿을 수 없음에 다가가기 169

할머니가 읊은 아주 긴 시 175

창작 메모 1 178

창작 메모 2 179

창작 메모 3 180

겨누는 글쓰기 186

눈동자 196

에필로그: 다시, 뒷면에게 200

프롤로그

제주에서 지낼 때였다. 친구가 온다고 해서 공항으로 갔다. 게이트 앞 난간을 붙잡고 문이 열리기를 기다렸다. 열 살 때의 기억이 떠올랐다. 그날 나는 같은 반 친구에게 생일 파티 초대를 받았다. 오후 3시에 학교 운동장에 모여 있으면 친구의 엄마가 차를 타고 아이들을 데리러 올 거라고 했다. 선물의 집에서 산 고양이 저금통을 끌어안고 운동장에 갔지만, 아무도 없었다. 곧 오겠지, 하며 운동장을 빙글빙글 돌았다. 시계와 교문을 번갈아 바라보았다. 두 시간 정도 지나자 누군가가 운동장으로 들어왔다. 언니였다. 집으로 전화가 왔다고 했다. 생일 파티 시간이 바뀌었는데, 솔아한테만 연락하는 것을 잊어버렸다고. 공항에 걸려 있는 시간표를 볼 때마다 나는 텅 빈 운동장에 서 있는 것 같았고, 내가 알지 못하는 어떤 일이 벌어져서 친구가 오지 않을 것 같았다.

게이트가 열리고 친구가 캐리어를 끌고 나왔다. 친구와 함께 제주 섬을 돌았다. 동쪽 끝 성산일출봉에서 일출을 보고 나서 해물뚝배기를 먹었고, 북쪽으로 이동해 월정리

해변 카페에서 커피를 마셨다. 제주시에 들러 고기국수나 제주밀면을 먹었고, 서쪽 협재해수욕장으로 가 에메랄드빛 바다 위에 떠 있는 비양도를 바라보았다. 남쪽 보목동으로 이동해 방파제 앞에 걸터앉아 있다가 저녁 시간이 되면 물회를 먹고 대평리에서 일몰을 보았다. 나를 찾아온 친구에게는 첫 경험이었지만, 나는 친구들이 찾아올 때마다 이 코스를 반복했다. 해안 도로를 따라 섬의 가장자리를 돌 때마다 나는 커다란 운동장의 테두리를 돌고 있는 것 같았다. 제주 음식이 조금씩 지겨워졌고 혼자 먹기 곤란한 빙수나 피자 같은 서울 음식이 먹고 싶었지만, 친구와는 제주에서만 맛볼 수 있는 음식을 먹으러 다녔다.

서울로 돌아가는 친구를 배웅하기 위해 공항으로 갔다. 게이트 너머로 친구가 사라지자 또 열 살 때의 일이 떠올랐다. 생일 파티 초대를 받았으나 혼자 운동장에 남겨졌던 그날, 언니는 내게 아이스크림을 사 줬다. 백 원에 한 스쿱을 떠 주는 빅토리아 아이스크림이었는데, 언니는 세 스쿱이나 사 주었다. 선물의 집에 들어가서 내가 샀던 고양이 저금통을 내밀고 교환을 요청했다. 내게 어울리는 머리핀을 골라 머리에 꽂아주었다. 언젠가는 빅토리아 아이스크림을 먹으며 집으로 돌아오다가 그 머리핀 생각이 났다. 잘 찾아보면 아직 내 방에 있을 것 같았다. 편지들을 모아둔 박스 안이나 머리끈과 옷핀 들을 넣어둔 바구니 안이나 거기도 아니면 건전지와 나사와 순간접착제를 넣어둔 신발장 안이나…… 하지만 머리핀을 찾아보지는 않았다. 없는 걸 확인하는 것보다 있을지도 모른다고 상상하는 것이 더 좋으니까.

해가 질 때쯤이면 집 밖으로 나가 제주대학교 운동장을 빙글빙글 돌았다. 운동장에는 운동장을 도는 사람들이 항상 있었다. 뛰거나 빠르게 걷는 사람들이 느리게 걷는 나를 스쳐 지나갔다. 그들의 등을 바라보며 계속 걸었다. 등은 내게서 점점 멀어지고 멀어지다 이내 운동장을 한 바퀴 돌아 다시 내 등을 향해 가까워졌다. 누군가 두고 간 공을 차고 놀던 아이들은 그 공을 운동장에 두고 돌아갔고, 그러면 또 다른 아이들이 그 공을 차고 놀았다. 일주일에 한 번 정도는 스탠드에 앉은 외국인이 트럼펫을 불었다. 운동장이 울림통 역할을 해서 소리가 증폭되어 퍼져 나갔다. 커다란 악기 속을 나는 빙글빙글 돌고 있었다.

얼마 전에는 일본으로 여행을 갔다. 거기서 오르골 하나를 샀다. 오르골 안에는 색소폰을 든 피에로와 공 위에 서서 묘기를 부리는 개가 있었다. 태엽을 돌리면 오르골 속 세상이 돌아가고, 음악이 나왔다. 내가 감은 태엽을 직선으로 펼친다면 개는 공을 굴리며 어디로 걸어갈까. 운동장에서 원을 그리며 돌았던 그 걸음들을 직선으로 펼쳐본다면 어디까지 나아가게 될까. 지구가 태양 주변을 돌며 지나왔던 시간들을 직선으로 펼쳐본다면 우주의 끝까지도 도달할 수 있을까. 오르골을 보고 있으면 감춰놓은 외부를 보는 것 같다. 오르골의 태엽을 자주 감아준다.

1부
내 눈동자에서
모니터에 이르기까지의 공간

내가 쉬지 못하는 것

 쉬고 싶다. 간절히 바랄 때가 자주 있다. 그러다 금세 의문이 생긴다. 내가 지금 안 쉬고 있나? 오늘의 나, 어제의 나, 일하는 시간보다 일하지 않은 시간이 더 많았는데? 충분히 뒹굴거렸는데? 두 팔을 베개 삼아 누워서 천장만 바라보고 있었는데? 잠이 오면 물리치지 않고 달콤한 낮잠도 즐겼는데? 강아지를 데리고 바깥에 나가서 온 동네 상가들을 다 기웃대며 멀리멀리 걸어 다녔는데?

 책상에 앉아 있는 시간을 일로, 앉아 있지 않은 시간을 쉼으로 계산한다면, 나는 누구보다도 많이 쉬는 사람임이 분명하다. 그럼에도 나는 왜 쉬고 싶다는 열망을 가지게 되는 걸까.

 언젠가는 아무것도 하지 않아보기로 했다. 가장 많이 권유되는 쉼의 방법이기도 했다. 업무 메일과 채팅 메시지를 확인하지 않았다. 고지서 따위가 전자 문서로 도착했지만 살펴보지 않았다. 세탁기를 돌린다거나, 청소기로 방바닥의 머리카락들을 치운다거나, 얼룩진 욕실 거울을 닦는다거나…… 더는 미룰 수 없는 집안일들을 떠올리다가 고개를 가로저었다. 과연 쉬는 기분이 들었다. 이럴 때의 쉼은 어쩐지 숙제 더미를 매트리스처럼 깔고 누운 처지 같았다. 한껏 느슨한 그때에도 해야 할 일들을 해치워야 한다는 속삭임이 어딘가에서 들려오는 듯했다. 그 속삭임을 애써 외면하는 각오 같은 것이 수반되는 느낌이 영 못마땅했다.

초연결 시대를 살아가는 지금, 접속 해지는 해방이 아니라 뒷통수에 한껏 고인 일이 될 뿐이다. 해야 할 일을 산더미로 만들기보다는 그때그때 해두는 것이 훨씬 효율적이라는 계산이 엄습한다. 효율성이라는 것은 도대체 무엇일까. 쉼의 순간에도 나에게 틈입하고야 마는 이 계산법은 과연 내 성격이나 생활 습관의 문제인 걸까. 이게 과연 개인의 성향 따위에 좌독되는 개별적인 문제일까?

나는 우선 더 적극적으로 누워 있기로 했다. 시간 관리 혹은 통제에 대한 강박을 내팽개치고서라도 충분한 휴식을 취해보고 싶었다. 업무에 차질이 생긴 것은 당연한 결과였지만, 그보다 더 큰 문제는 내가 느낀 고립감이었다. 내가 쉬고 있는 것인지 외딴섬에 갇혀 있는 것인지 점점 알 수 없어졌다. 휴식에 수반되는 사소한 부작용이라고 스스로를 다독여주고 싶었지만, 나는 내가 제대로 쉬지 못한다는 걸 이미 알아버렸다. 나는 몸을 일으켜 무엇이든 해보았다. 사람을 만났고 운동을 하거나 취미 활동 같은 것에도 도전해보았다. 질 좋은 쉼을 누리는 것이 열심히 일하는 것만큼이나 노력의 산물이라는 것을 얼마 가지 않아 알아챌 수밖에 없었다. 쉬는 것은 일하는 것과 동일했다. 건성으로 쉬었을 때보다 노력하며 쉬었을 때에 번아웃은 두 배로 찾아왔다. 사이사이에는 OTT 시리즈와 영화를 보았다. 복잡한 사회 현실을 반영하고 있는 영화를 보며 쉬는 것이 여태껏 나의 여가 생활이었는데, 그때에는 그런 유의 영화가 눈에 들어오질 않았다. 내 정신이 영화 속 현실에 피로감을 호소했다. 나는 매년 독서율이 떨어진다는 출판계의 한숨 소리를 상기하고 있었다. 독서하지 않는 사람들이 이해되었다. 성과주의에 사로잡혀 있는 사회를 비판할 시선을 확보하고, 그 사회에 휩쓸리지 않기 위한 주체적 삶만이 우리를 진짜 쉼으로 인도한다고 말하곤 하지만, 쉼을 먼저 획득해야만 그걸 사유할 힘도 발휘될 수 있다. 쉴 수 없으므로 사유할 수 없고, 사유할 수 없으므로 쉴 수 없는 무한 굴레. 결국 나는 말초신경을 자극하거나 현실이 완전히 소거된 영상들을 주로 보았는데, 그것은 내게 쉼이라기보다는 중독 혹은 회피에 가까웠다. 중독이나 회피가 나쁘다고 볼 수만은 없겠지만, 적어도 나는 그 영상들을 통해 쉼을 누린다고 자각하진 못했다.

†

 다른 사람들은 어떻게 쉴지 궁금해졌다. 지인들에게 질문을 던져보았다. 어떻게 쉬느냐고. 내가 해왔던 일과 비슷한 대답들이 쏟아졌다. 자는 사람, OTT 영상물을 보는 사람, 집안일에서 해방되기 위해 바깥에 나와 친구와 수다를 떠는 사람, 반대로 집에 틀어박혀 창고의 물건들을 다 꺼내가며 대청소를 하는 사람, 코인 노래방에서 목이 쉴 때까지 목청껏 노래를 부르는 사람, 밤새 술 마시는 사람, 마라톤하는 사람, 텃밭에서 오이와 토마토를 키우는 사람, 목욕하러 가는 사람, 고스톱 치는 사람, 마사지받는 사람, 책 읽는 사람, 여행 가는 사람, 쇼핑하는 사람, 연극 보는 사람, 덕질하는 사람…… 몸을 가만히 두기도 했지만 혹사하기도 했다. 멍하니 있기도 했지만 분주했다.
 쉼은 무엇을 하느냐의 문제는 아니다. 사람들이 고백한 쉼에서 내가 찾아낸 공통점은 하나였다. 우선, 무언가와의 단절을 필요로 했다. 도시 생활이든, 회사 생활이든, 집안일이든, 인터넷이든. 누군가에게 쉼은 삶으로 돌아가기 위한 도구였지만, 다른 누군가에게는 쉼이야말로 삶이었다. 어느 쪽을 자신의 삶으로 여기든, 자신이 원할 때에 단절을 꾀할 수 있어야 한다는 것. 단절이라 표현했지만, 그것은 여태까지와는 다른 세상과의 연결을 뜻한다. 그런 의미에서, 쉼은 이동의 다른 말일 수 있다.

†

  우리가 흔히 접하는 CF나 SNS 속 쉼의 이미지는 행복에 대한 프로파간다의 그림자가 상투적이고 노골적으로 침투되어 있다. 이때 사회가 제시하는 성공적인 삶에 대한 이미지와 쉼에 대한 이미지는 쉽게 중첩된다.

> 행복은 얻고 싶은 것일 뿐만 아니라 원하는 것을 얻을 가능성을 극대화하는 방법이다. 긍정심리학이 종종 행복을 상품으로 기술하면서 경제학의 언어를 사용하는 것도 놀라운 일은 아니다. 예를 들어, 헤디와 웨어링은 다른 사람들보다 일반적으로 더 행복한 사람들이 가진 "상대적으로 안정적인 개인의 특성들"을 가리켜 "저량"이라 부르면서 여기에 사회적 배경, 성격, 인맥을 포함시킨다. 행복은 당신이 은행에 더 많은 것을 저축하게 한다. 개개 주체의 행복은 자본 획득과 저축에 의존할 뿐만 아니라 여러 다양한 형태의 자본(배경, 성격, 네트워크)에 의존한다.

  사라 아메드는 "행복이 어떻게 사회적 규범을 사회적 선으로 재기술하는 데 이용되는지"*에 대해 말한다. 개인적인 감정의 지표로 보이는 행복이 '좋은 삶'이라는 이미지를 통해 어떻게 사회적으로 강력한 지배력을 획득했는지, 그로 인해 무엇을 적극적으로 소외하고 배제해왔는지 분석하며 인종차별에서부터 정상가족, 소수자 문제까지 파헤친다. 보험, 맥주, 신용카드 광고 등은 이런 규범적인 행복의 이미지를 적극적으로 차용한다. 행복한 가족, 보다 나은 사교, 고급 리조트로의 여행. 자본과 소비와 네트워크의 뒷받침 없이는 불가능해 보이는 이 이미지들이 행복을 전유하는 사회를 여실히 보여준다. 쉼에 대해 의문을 품게 된 것도 이미 전유되어버린 쉼의 이미지 탓 때문이 아닌가. 쉼은 행복보다 조금 더 '지금'과 결속돼 있다. 쉼에는 행복과 달리, 먼 미래에 우리가 당도할 도착지로 지연당하지 않으려는 속성이 있다. 쉼은 행복보다 즉각적이다. 지금 당장 실천하라는 요구가 추가돼 있다. 번아웃의 다음 단계에 이르러서, 다소 조급한 당위로써.

 재밌는 점은, 사라 아메드가 위험하다고 제시한 행복과 쉼의 이미지는 표면적으로 볼 때 사뭇 다른 경향을 띤다는 것이다. 쉼은 사회적 성공 모델을 따르는 데만 국한되지 않는다. 오히려 성공에 대한 온갖 이미지(자본, 네트워크, 자기 계발 등)로부터 탈주하려는 경향이 있다. 하지만 누군가에 한해서는, 철저히 자기 계발과 자본의 투자

---

 * 사라 아메드, 『행복의 약속』, 성정혜·이경란 옮김, 후마니타스, 2021, pp. 26~27.

를 뒷받침하는 연장선상에서 쉼이 구가되기도 한다. 탈주와 투자. 서로 완전히 다른 방향성을 갖고 있는 이 이미지들이 '쉼'이라는 단어 안에서 서로 싸우고 뒤섞여 있는 셈이다.

피로가 사회적인 맥락과 연결되어 이야기되는 반면, 쉼은 개인적인 실천 방식으로 권장되곤 한다. 하지만 쉼이야말로 그 명명에 대한 이데올로기들의 전장이다. 쉼은 무엇과 단절될 것인가에 대한 물음이다. 쉬는 것이 일하는 것과 같다는 감각. 쉬는 동안 도태되고 고립되는 것만 같다는 느낌. 그로 인한 피로감은 우리가 쉴 때 사회의 어떤 면을 바라보는지, 또 어떤 면을 등지고 있는지를 함께 살펴봐야 이해할 수 있다.

†

나의 일상은 매 순간 쓰기와 연결된다. 뉴스에서 보는 사건 사고나 음식을 차려 먹고 가족과 대화하는 일까지. 글쓰기에는 오프 스위치가 없고 나는 글쓰기로부터 빠져나오는 방법을 모른다. 나에겐 글쓰기가 숨쉬기나 다름없다. 한때 나는 내가 쉬지 못하는 이유가 나의 작업 때문이라고 생각했다. 단절 불가능성 때문에 쉴 수 없다고 느꼈다. 쉬고 싶다는 한 가지 이유만으로 글쓰기를 그만두고 싶다고 생각해본 적이 있다. 내가 쉬지 못하는 건 정말 내

작업의 특수성 때문일까?

지난봄, 한 예술고등학교에서 특강을 했을 때에 어떤 학생이 내게 질문을 했다. 글쓰기를 그만두고 싶었던 적이 있느냐고. 나는 있다고 답했다. 하지만 정말로 글쓰기를 그만두고 싶었던 것은 아니었다고 나는 고쳐 말했다. 그만두고 싶다고 생각하게 만든 다른 갈등들이 있었을 뿐이었다고. 학생들이 고개를 갸웃거렸다. 나는 덧붙였다.

그만두고 싶어질 때, 곰곰이 생각해보세요. 정말로 글쓰기를 그만두고 싶은 건지, 글쓰기를 그만두고 싶게 만드는 다른 요인들이 있는 건지를요. 틀에 맞춰야만 하는 합평이 지긋지긋하다거나, 경쟁하듯 글을 써야 하는 현실에 지쳤다거나. 글쓰기의 보람도 여러 환경의 지배 아래에 있으니까요.

집으로 돌아오며 나는 생각했다. 나는 무엇에 지친 걸까. 글 쓰는 삶을 그만두고 싶을 정도로 나를 지치게 한 진짜 이유는 과연 내가 믿던 그 이유였을까.

세월호에서 돌아오지 못한 304명을 기억하기 위한 '304 낭독회' 일꾼 경험을 시작으로 촛불 집회, 문단 내 성폭력, 성평등 문화 정책, 미투운동, 여성·인종·장애·퀴어를 주제로 하는 문학주간 행사와 대학 특강, 밀레니얼세대, 동물권, 채식주의, 여성 역사소설―이야기되는 여성, 이야기하는 여성 그리고 쉼까지. 여태 내가 공적 자리에서 발제하거나 토론했던 주제들이다.

돌이켜보면, 이런 담론들은 유행처럼 소비되다시피 했다. 그 과정에서 담론의 기세를 타고 문단 체제에 자리를 잡은 이와 그렇지 못한 이가 남을 뿐이라는 비관적인 생각이 들 정도였다. 대안까지도 자신의 먹이로 흡수해버리는 소비주의와 성과주의의 먹성에 진저리를 치면서. 질문이 발생하면 급박하게 해답이 쏟아졌고, 심지어 어떤 순간에는 답변을 강제당했고, 이후에 또 다른 질문들이 빚처럼 쌓였다. 동료 작가들을 만나면 우스갯소리로 『어린 왕자』에 나오는 가로등지기가 된 것 같다고 말하곤 했다. 행성이 점점 빨리 돌고 있는 것 같지 않나요? 너무 어지러워요.

  "스피치가 그것만으로도 충분한 영향력이 있다는 가정, 말과 행동에 동일한 힘이 있다는 가정, 나의 생각을 공들여서 적어 나가는 일은 매우 정의롭고 누군가에게 도움이 되거나 혹은 이상적이라는 가정"은 스피치가 "미덕과시"와 "자기홍보"*에 지나지 않을지 모른다는 의심을 너머 스피치 자체가 발화자를 위험에 빠뜨릴 수 있다는, 일종의 공포 분위기를 조성하는 데에 이르렀다. 문학평론가 박혜진은 2015년부터 이어져온 문학계의 변화에 대해 이야기하며 "참여자로 있을 때는 정말 곤혹스러움이 컸고 일종의 패배감 같은 것도 느꼈"다고 고백했다. 그리고 다음과

---

* 지아 톨렌티노, 『트릭 미러』, 노지양 옮김, 생각의힘, 2021, p. 41.

같이 덧붙였다. "확실하게 해결되지 않는 불확실한 부분들이 있고, 그것이 바로 비평의 차원일 텐데, 그런 비평적 가치와 차원을 이야기하는 것 자체가 공포스러운 상황이더라고요. 논쟁이 사라진 것처럼 보일 수 있지만 그보다는 논쟁이 너무 위험해졌다는 생각을 많이 했죠."[*]

공포, 미덕과시, 자기홍보, 새로운 세계와 접속하고 싶다는 열망, 쉽에 대한 간절한 욕구. 이런 것들로 뒤범벅된 채 작가들은 글을 써나간다.

여기까지 적고 나는 몹시 지친 상태가 되어 잠시 휴식을 취하기로 했다. 강아지와 함께 바깥을 거닐면서 두통 때문에 욱신거리는 관자놀이를 손끝으로 꾹꾹 눌렀다. 다시 책상에 앉아 이 글을 마무리해야 한다. 쉽에 대한 해답을 찾느라 정작 쉬지 못하는 나. 모든 문제에 너무 빨리 대답해왔다는 께름칙함에 둘러싸인 나.

우리가 하나의 질문에 대해 충분히 이야기 나눠본 적이 있는가? 나는 모르겠다. 질문과 대답과 질문과 대답으로 이어지는 이 속도전이야말로 정작 대답의 내용에는 무관심하다고 느낀다. 설령 현명한 대답이 도출된다 한들 다른 질문으로 재빨리 옮겨 가버리고 마는, 또 하나의 폭력을 쓰디쓰게 목격하면서.

글을 쓸 때 나는 누군가와의 대화에 푹 빠져드는 상상

---

[*] 강동호·강경석·김건형·김나영·박혜진, 「대화, '지금—여기'의 비평을 향해」, 『문학과사회 하이픈』 2023년 가을호, p. 96~97.

을 한다. 그래서 글쓰기는 나에게 노동의 괴로움이자 대화의 기쁨이다. 나는 글에서 이야기를 충분히 하고 싶어 한다. 들어주는 사람이 누구든 간에. 들어주는 사람이 있든 없든 간에. 나는 글쓰기의 바깥에서도 오래오래 대화를 나누고 싶다. 쉼에 대해서도 끝없이 이야기를 나누고 보태고 싶다. 반론을 제기하고 합을 맞춰가면서 쉼의 가치와 모양새를 공유하고 싶다. 일상의 틈새에서 내가 여태 누려온 쉼과 우리 모두의 쉼이 어떻게 다른지, 왜 다른지, 꼭 같아야만 하는지를 이야기해보고 싶다. 노년의 나와 지금의 내가 생각하는 쉼이 또 어떻게 다를지를 이야기해보고 싶다. 몸소 실천한 쉼이 삶을 어떻게 지탱했는지를 섬세하게 회고하며 대화해보고 싶다. 지금의 대화와 먼 미래의 대화를 연결 짓고 싶다. 꼭 쉼에 대해서가 아니어도 좋다. 우리가 함께 골몰하는 사회적 담론들에 대한 고민을 소행성에서처럼 점등하고 소등하는 식으로는 하고 싶지 않다. 평생 동안 오래오래 수정하고 보완해서 신체에 새기고 싶다. 지금으로서는 이게 내가 갈구하는 쉼인 것 같다.

내 눈동자에서 모니터에 이르기까지의 공간

다른 생각이 하고 싶어질 때 글을 쓴다. 글을 쓰면 유독 다른 생각이 잘 난다. 일주일도 더 전에 간장이 떨어진 것이나 OTT 서비스의 자동 결제를 해지해야 한다는 것은 평소에는 절대 기억나지 않다가 글을 쓸 때에만 떠오른다. 몇 년 전에 읽다가 덮어버렸던 책의 다음 장이 불현듯 궁금해진다. 상사 때문에 미칠 것 같다던 친구가 요즘은 괜찮은지 안부를 묻고 싶어진다. 글은 안 쓰고 마스킹 테이프로 책상에 붙여두었던 네잎클로버를 하릴없이 쳐다본다. 붙인 지 10년 정도 되어 이제는 초록색이 완전히 사라져 투명하게 변해 있다. 네잎클로버 잎사귀 뒤로 책상의 물결무늬가 비칠 정도다. 캠핑에 가서 모닥불을 피우는 사람들에 대한 이야기를 쓰다가 어젯밤에 주유소가 폭발하는 꿈을 꿨다는 사실이 뒤늦게 기억난다. 동네 평상에 앉았다가 민달팽이의 미끌거리는 몸을 처음 만져보았던 순간이나 열네 살 때 언니가 사 줘서 처음 먹어본 유부초밥의 맛 같은 것들이 그런 식으로 뜬금없이 떠오른다. 그런 날 산책에 나가 평상을 만난다면 앉고 싶어진다. 그날 저녁 식사는 유부초밥이 될 확률이 높다. 보고 듣지 않은 일도 떠오른다. 핏줄을 뽑아 바늘에 실 대신 꿰어 수를 놓는 사람이라든가, 머리카락 한 올 한 올에 이슬이 맺힐 때까지 앉아 있는 사람이라든가, 그런 사람의 정수리 부근에서 아무도 모르게 맴돌고 있는 하루살이라든가……쓰던 글과 아무 상관없는 것들도 생각난다. 이 글을 쓰는 동안 나는 돼지의 심장을 사람에게 이식했다는 기사를 떠올렸고, 귀신고래는 자기 몸에 붙는 따개비를 어떻게 생각할지 궁금해졌다. 나는 30분 남짓 고래와 따개비에 대해 찾아보았다. 고래의 피부가 두꺼워 아무 느낌 없을지도 모른다고 생각했는데, 어쩌면 사이좋게 잘 지낼 거라고 생각했는데, 따개비가 고래의 눈알에 붙을 때도 있다는 사실을 알게 되었다. 따개비가 거기에 파고들면 고래가 죽을 수도 있다는 사실을 알게 되었다. 나는 손가락으로 내 눈두덩을 눌러보았다. 이 글을 다 쓰고 나서도 따개비가 눈알에 붙어버린 고래만큼은 잊지 못할 것이다.

글을 쓰려고 의자에 앉을 때마다 생각한다. 이제 글쓰기에 대해 그만 생각해야지. 지금 이 글도 그렇게 시작했다. 어서 글쓰기를 시작해야지. 글을 써서 글쓰기에 대한 생각에서 벗어나야지. 다른 생각을 할 거야. 하지만 당연하게도 나는 쓰는 동안에도 쓰기에 대해 생각한다. 벗어나면서도 파고들게 된다. 지금도 그러고 있다. 고래와 따개비를 생각하면서, 동시에 쓰기에 대해서 생각한다. 그래서 나는 고래와 따개비에 대해 적은 문장을 지워버릴까 고민했다. 고래와 따개비 이야기는 내게 꽤나 중요한 얘기처럼 느껴졌다. 글쓰기에 대한 얘기를 하면서 짧게 적을 얘기는 아닌 것 같다. 고래에게도 따개비에게도 잘하는 일이 아닌 것 같다. 하지만 나는 그 문장들을 지우지 않고 있다. 문장은 지워도 지워지지 않으니까. 지우면 훗날 다른 방식으로 다시 나타나니까. 더 적합한 방식으로 나타날 수도 있다. 하지만 지금은 조금 다른 방식의 적합함을 선택해보고 싶다. 무엇보다 내가 지금 이 글을 쓰다가 고래와 따개비에 대해 찾아보게 되었다는 것을, 이 장면을 이렇게 만났다는 사실을, 그대로 적어두고 싶다. 글을 쓰면서 무엇인가를 그대로 적는다는 것이 가능하지 않다는 것도 알고 있다. '그대로'라는 것이 무엇이냐는 질문 앞에서 말이 막힐 테니까. 하지만 종종 그러고 싶다.

그대로 있게 하고 싶다. 그대로 쓰고 싶다.

가능한지 불가능한지는 상관없다. 아마 내가 거짓말을 너무 많이 하기 때문에 그러고 싶은 것 같다. 나는 매일 거짓말을 궁리한다. 나는 소설가니까 당연하다. 그렇지만 시를 쓸 때도 거짓말을 한다. 산문을 쓸 때도 한다.

실은 거짓말하는 걸 싫어한다. 거짓말이 나쁘다고 생각한다거나 남을 속이는 게 싫다거나 하는 이유가 아니다. 내가 거짓말을 너무 못하기 때문이다. 잘 들킨다는 뜻이다. 나는 눈 하나 깜짝하지 않고 거짓말을 해냈다고 생각하는데, 상대방은 내 얼굴에 다 씌어 있다고 말한다. "너, 진짜 티 나." 분명 아무 표정도 안 지었는데, 도대체 어떻게 안 거지? 그래서 글쓰기를 좋아한다. 거짓말을 실컷 하고서 들킬 걱정 안 해도 되니까. 소설이든 시든 산문이든, 내가 거짓말을 썼다는 이유로 뭐라 할 사람은 없다. 가끔은 사실조차 거짓말과 마찬가지로 들켜서는 안 되는 무엇인 것처럼 느껴진다.

†

어제는 사진작가 양경준을 만났다. 그는 요즘 공중화장실의 낙서들을 사진 찍고 있다고 했다. 그의 이야기를 듣다가 담벼락이 떠올랐다. 초등학생 때 방방을 타러 가려면 담벼락 하나를 지나야 했는데, 거기에 성적인 내용의 낙서가 많았다. 나는 웬만하면 친구들과 담벼락 옆을 함께 걷지 않으려 했다. 낙서들을 함께 볼 때 태연할 자신이 없었다. 혼자 그 길을 걸을 때조차 누가 나를 볼까 봐 종종걸음을 쳤다. 문제는 내가 방방을 타고 싶다는 것이었다. "방방 타러 갈래?" 친구가 물을 때면 나는 그 담벼락부터 떠올렸고, 나름 심각하게 고민을 했다. 그런 고민을 한 것이 나 혼자만은 아니었던 듯하다. 방방을 타러 가는 것은 아이들 사이에서 왠지 약간의 일탈이나 비행 같은 것으로 여겨졌고, 그래서 방방을 타러 가지 않는 아이도 있었다. "엄마가 그쪽 길로 가지 말랬어." 하지만 나는 꽤 자주 방방을 타러 갔다. 폴짝폴짝 뛰며 발차기를 하다가 바닥에 내려오면 땅이 딱딱하다는 게 이상하게 느껴졌다. 탱탱볼처럼 가벼웠던 몸이 추처럼 묵직해졌다. 집으로 돌아가려면 그 담벼락을 또 지나야 한다는 사실이 걱정됐다. 엄청 높은 곳에 적혀 있는 낙서는 어떻게 적은 걸까. 사다리라도 타고 올라간 걸까. 나는 담벼락이나 화장실 같은 곳에 낙서를 해본 적이 없었다. 만약 그곳에 낙서를 한다면, 나는 무슨 말을 적을까.

익명으로 SNS 계정을 만들어본 적이 있다. 팔로워도 팔로잉도 없는 계정이었다. 그때 내 목표는 거짓말이 아닌 말을 적는 것이었다. 나는 내가 만든 거짓말을 사실로 바꿔 적었다. 오늘은 믹서기가 고장나지 않았다, 나는 글을 쓰다 떠올랐다는 이유로 유부초밥을 먹은 적이 없다, 내 책상머리엔 네잎클로버가 붙어 있지 않다, 같은 문장들. 누가 읽어도 상관없는 것들이었으나 나는 그 문장들을 적는 것이 어려웠다. 만약 누군가 그 문장들을 읽어주길 원했더라면 어떤 계정이든 팔로우해서 내 계정의 존재를 알렸을 것이다. 하지만 진심으로 혼자 보길 원했더라면 인터넷이 아니라 공책에 적었을 것이다. 결국 몇 번 사용하지 못한 채 계정을 삭제했다.

양경준은 나의 말을 의아해했다. 누군가에게 읽힐 글을 항상 쓰면서, 어째서 인터넷에 문장을 적는 것이 어려웠느냐고 물었다. 왜냐면 내가 '거짓말을 사실로 바꿔 적었다'라는 내용을 그에게 말하지 않았기 때문이다. 익명 계정에 일상적인 문장을 써본 적이 있는데 그게 너무 어려웠다고, 그렇게만 말했다. 잠깐 궁리하다가 그에게 답했다. 일상적인 얘기를 쓴다 하더라도, 화장실 벽에 쓴다면 공책에 쓸 때와는 다르지 않을까요?

†

복권에 당첨되어 새로운 일자리가 생겼다. 아스토츠카 국경 지대의 입국 심사관이 되어 출근을 했다. 입국하려는 사람들의 여권이나 백신 접종 서류 따위를 살펴보고, 입국 허가 여부에 따라 도장을 찍어주면 된다. 성과에 따라 임금이 결정되므로 일 처리를 빨리빨리 해야 했지만, 지명수배범이나 마약 밀수업자가 잠입할 수도 있으므로 서류를 꼼꼼하게 살펴야 했다. 그렇게 3일이 지나자 일당이 부족하다는 걸 느꼈다. 난방비와 식비 중에 무엇을 줄일지 고민하다 난방비를 줄였다. 곧바로 아들이 추위 때문에 병에 걸렸다. 가족들이 차례대로 사망했고 나는 직장에서 해고되었다.

날짜를 되돌렸다. 이번에는 빠르게 도장을 찍었다. 서류 확인이 미비했다는 이유로 페널티가 부과되었다. 일당이 더 줄어들었고 가족들이 차례대로 사망했고 나는 직장에서 해고되었다.

   날짜를 되돌렸다. 이번에는 꼼꼼하게 도장을 찍되 비밀단체로부터 온 서류를 신고하지 않고 뜯어보았다. 비밀단체로부터 지원금을 받았고 큰 집으로 이사를 갔다. 집을 구매한 돈이 어디서 났는지 추궁당했다. 나는 잡혀갔다. 아마 죽은 것 같다.

   날짜를 되돌렸다. 비밀단체로부터 지원금을 받았으나 그 돈으로 이사를 가지 않았다. 소득상 이상한 내용이 발견되었다는 통보를 받았다. 나는 잡혀갔다. 아마 죽은 것 같다.

   날짜를 되돌렸다. 비밀단체로부터 돈을 받지 않았다. 그동안 해고되거나 잡혀갔던 경험이 쌓여 사람의 얼굴만 보아도 그를 통과시켜야 할지 거부해야 할지 알 수 있었다. 도장을 빨리 찍을 수 있었다. 서류는 미비하지만 입국이 거부되면 정치적인 이유로 사형을 당할 수 있으니 제발 살려달라는 사람이 있었다. 서류는 미비하지만 가족을 찾아야 하니 허가 도장을 찍어달라는 사람이 있었다. 서류는 미비하지만 페널티보다 더 많은 돈을 줄 테니 통과시켜달라는 사람이 있었다. 나는 날짜를 되돌리고 또 되돌렸다. 가끔은 나의 가족 때문에, 가끔은 입국을 하려는 사람의 사정 때문에, 가끔은 다른 선택을 했을 때 어떻게 되는지 보고 싶어서, 또 가끔은 현실에서도 적용되곤 하는 내 원칙이나 양심 때문에 도장을 찍거나 찍지 않았다.

나는 비밀단체에 협력하며 혁명에 동참하기도 했다. 서류 사이에 끼워져 있는 독약을 손으로 만졌다가 죽기도 했다. 맡은 일만 칼같이 함으로써 정식 입국 심사관이 되기도 했다. 가족과 함께 망명에 성공하기도 했다. 날짜를 되돌려야 할 때마다 끄트머리에 찍혀 있는 검은 점이 하얀색으로 바뀌었다. 나는 그것이 엔딩의 개수를 뜻한다는 것을 알게 되었다. 엔딩은 스무 개였다. 이 게임*의 목적은 스테이지를 깨는 것에 있지 않았다. 하나의 결말을 향해 나아가는 슈퍼마리오나 버블보블과는 달랐다. 엔딩은 선택에 따른 파편에 불과했다. 퍼즐 조각 같은 파편들을 모으다 보면 도전 과제가 생겼다. 그러다 보면 결국 무한 모드에 돌입할 수 있었다. 무한 모드에는 엔딩이 없다. 계속 도장을 찍을 수 있다. 계속 선택을 고민할 수 있다.

  글을 쓰면서 가장 해서는 안 될 딴짓은 게임에 접속하는 것이다. 인터넷 기사를 찾아보는 일은 30분이면 된다. 책을 읽거나 일기장을 들춰 보거나 영화를 보는 일도 두세 시간이면 된다. 게임은 한번 시작하면 며칠을 잡아먹는다. 나는 정말로 글이 안 써질 때, 마감이 코앞에 닥쳐 있을 때만 게임을 한다. 절대로 해서는 안 되기 때문에 너무나 하고 싶어지기 때문이다. 휴대폰을 잡고서 화면에 몰입하는 동안 시계 초침 소리가 들리는 것 같다. 옆에는

*   페이퍼스, 플리스.

쓰다 멈춘 A4 용지들이 쌓여 있다. 내가 적은 서로 다른 선택들, 나의 헤맴이 쌓여 있다. 가끔은 이것들 중 결국 단 한 가지 버전만 남겨두게 된다는 게 이상하다.

†

2월 28일부터 3월 5일까지 '섭식장애 인식주간'이 열렸다. 미술평론가 리타(이연숙)와 작가 박지니가 진행하는 자기이론 세션을 들으러 갔다. 어째서 "고통스럽던, 부당했던, 몰이해당했던, 도움받지 못했던, 차별당했던, 이용당했던" 사람들의 말이 파편이 될 수밖에 없는지, 기존 이야기 틀에 맞지 않을 수밖에 없는지, 우리가 어떻게 그 파편을 파편 그대로 보존하면서 새로운 방식의 이야기를 만들어내야 하는지에 대한 이야기를 들었다.

올가 토카르추크의 장편소설 『방랑자들』 『죽은 이들의 뼈 위로 쟁기를 끌어라』, 하마구치 류스케의 영화 「악은 존재하지 않는다」, 기억력이 너무나 좋아서 만날 때마다 눈치 보이는 미용사, 노후 커뮤니티, 이제는 '작가의 말'을 읽지 않는다.

†

 여기까지 쓰고 글은 끊겨 있다. 나는 글을 쓰다 멈추었고, 창을 닫아버렸다. 그리고 한 달 남짓 만에 이 문서를 다시 열었다. 위에 적혀 있는 소설과 영화 제목, 툭툭 끊긴 문장들은 내가 이어서 쓸 글의 키워드들이었다. 내가 무엇을 쓰려 했는지 아직 기억하고 있다. 타인에게는 명확하게 보이지 않을 수도 있는 저 쉼표 사이의 연결 고리가 내게는 보인다. 그러나 나는 쓰지 않을 것이다. 저 쉼표 사이를 이어나가지 않을 것이다. 지금은 그럴 수가 없다.

 내가 쓰려던 글은 이제 거의 모르는 사람처럼 낯설게 느껴진다. 한 달 전만 해도 글과 나는 서로 마주 보고 있었다. 지금도 나는 글과 마주 보고 있지만, 그때와는 다르다. 쓰려던 글이 변한 것은 아니다. 내가 변한 것도 아니다. 글과 나 사이에 있는 무엇인가가 변했다. 내 눈동자에서 모니터에 이르기까지의 공간. 팔을 뻗으면 닿을 만큼 가까운 공간. 가끔은 그 공간이 매끈한 고속도로처럼 뻥 뚫려 있다. 가끔은 그 공간 한편에서 사고가 발생하여 교통 체증이 생긴다. 가끔은 한나절 만에 그 공간이 밀림으로 변해버린다. 가끔은 그 공간이 완전히 무너지거나 폐쇄된다. 지금 나는 내가 쓰던 글과 끊어져 있다. 이렇게 가까운데 아득히 멀다.

 쓰려던 글에 대해서가 아니라 쓰려고 했지만 쓰지 못한

글들에 대해 생각한다. 쓰다가 중간에 놓아버린 글들에 대해서. 아예 시작도 하지 못한 글들에 대해서. 내 머릿속에서 이미 수십 번 완성되었으나 그 상태로 꺼내지 않고 묻어버린 글들에 대해서.

어떤 때에는 글이 나의 상처와 너무 밀접했기 때문에 쓸 수 없었다. 어떤 때에는 너무 소중한 이야기라서 차마 타인에게 글로 써서 보이고 싶지 않았다. 어떤 때에는 타인에게 내 글이 악영향을 미칠까 봐, 어떤 때에는 내가 책임질 수 없을 만큼 반사회적인 이야기를 하고 있는 것만 같아서, 어떤 때에는 아직은 때가 아닌 것만 같아서, 어떤 때에는 글을 쓴다는 것에 대한 회의감 때문에, 어떤 때에는 글로부터 나를 튕겨 나가게 하는 다른 경험 때문에, 어떤 때에는……

쓸 수 없다는 사실에 오히려 낙관한 적도 있다. 쓰는 것보다 더 중요한 것을 지켜내고 있다는 자부심을 느낀 적도 있다. 하지만 조금의 낙관도 할 수 없는 때도 있다.

내가 쓰지 못한 글들의 키워드를 몇 가지만 적어둔다.

경기장을 메운 관객들. 도어 록이 달려 있는 현관문의 내부. 종교와 집회. 그리고 연대감. 그것들은 언제고 광기로 돌변할 수도 있다.

퀴어를 따라 하는 퀴어를 따라 하는 퀴어.

숨겨야 하는 것과 단어로 포착되지 않는 것의 차이.

공포를 몸소 겪은 자는 위험한 곳에 가자고 선뜻 외치

지 못한다. '안온 무해 다정'은 문학장에서 연이어 발생한 사건들에 대한 작가들의 트라우마와 밀접한 연관이 있다.

몰이해 상태일 때에만 발화 가능한 이야기.

검사로부터 걸려 온 전화.

표절과 영향.

성폭력 피해자와 연대하기 위해 모였던 작가들 사이에 오가는 대화.

입양 제도를 통해 가족이 되는 친구들.

동성 커플이 제도적으로 승인받기 위해 펼치는 국가별 전략과 각 전략이 부딪칠 때 빠지게 되는 궁지.

작가의 작품을 평하는 평론에 대한 작가들의 평.

다 지나갈 거야. 사람들은 위로를 하기 위해 그렇게 말했다. 그 말은 위로가 되었다. 그들의 말은 옳았다. 다 지나갔다. 그것을 참을 수 없었다. 어떻게 지나갈 수 있었을까. 도대체 어떻게.

비방술.

야한 얘기.

동일시라는 타자화.

진단의 어처구니없음. 진단을 회피함으로써 얻는 이득과 손해. 말하지 않아서 보호받는 것들과 말했기 때문에 무너져 내리는 것들.

†

   멈추었던 글을 다시 쓰기 시작한 오늘은 5월 12일이다. 내 생일이다. 연락이 끊겼던 친구에게 연락이 왔다. 예전에 우리는 서로를 무어라 불러야 할지 알 수 없을 때마다 '전우'라고 말했다. 친구는 내게 생일을 축하한다고 했다. 그와 약속을 잡았다. 그가 다른 친구와 함께 만나자고 제안했다. 약속은 점점 불어나 동참하는 친구가 늘어났다. 아주 오랜만에 친구들을 잔뜩 만나기로 했다.

   가족들이 생일 선물로 돈을 보냈다. 언니가 돈을 너무 많이 보내서 일부 돌려보냈다. 글을 쓰다가 토했다. 오늘 다 안 쓰면 내일 또 토하면서 쓸까 봐 끝까지 다 쓰기로 했다. 그리고 이제 다 썼다. 결코 다 썼다고 말할 수 없는 글을 다 써간다.

   시인 문보영과 짧게 메시지를 나누었다. 새로운 공부를 시작하기 위해 그는 곧 미국으로 떠난다. 꼭 새로운 세계를 만나게 될 거라고 나는 말했다. 꼭 새로운 세계를 만나게 될 거라고, 그도 내게 말했다.

희고 둥근 부분의 부분

1회 차

 맹점을 찾아가기로 했다. 근처에 전시를 하는 곳이 있다고 했다. 다리 모양의 석고가 겹겹이 겹쳐 있었다. 신체를 자세히 보는 것은 불편했다. 누군가 오래, 누군가의 일부를 바라본다는 것은 문제가 있다는 암시 같았다. 문제가 있기 때문에 바라보는 것이라기보다는, 바라보기 때문에 문제가 있는 것이 되어버릴 때가 많았다. 그 석고조각을 만져보고 싶었다. 만지지 않았다. 어떤 사물은 사람 같았다. 사람을 함부로 만져서는 안 된다고 생각했다. 모든 만남에는 노크가 필요하다. 그래서 어떤 것들은 영원히 만질 수 없었다.

 문방구에서 아르바이트를 한 적이 있다. 꼬마들은 서로 모르는 사이면서도 아무렇지도 않게 말을 걸었다. 내가 꼬마였을 때에도 그랬다. 그때는 혼잣말과 대화 사이에 경계가 없었다. 이제 나는 경계를 원했다. 원하면서도 원하지 않았다.

 로야 님과 종로3가역에서 1호선으로 갈아탔다. 한 할아버지가 내게 말을 걸었다.

"머리 색깔이 그게 뭐야."

아무렇지도 않게 말을 건네던 꼬마처럼. 이제는 욕을 먹을 때에만 모르는 사람들이 내게 불쑥 찾아든다.

석수역에서 내리자 관악산이 보였다. 로야 님은 나무 한 그루를 확인하고 싶다고 했다. 그것은 버드나무일 거라고 했다. 산의 초입이어서 울창한 나무가 유난히 많았다. 길 한쪽에는 푸르지오 아파트가 있었고, 다른 한쪽에는 아주 오래된 빨간 벽돌 빌라들이 있었다. 그 빌라들은 울창한 나무만큼이나 오랜 시간을 살아온 것 같았다. 내가 초등학생 때 살던 빌라들과 비슷했다. 그만큼 구식이었다.

로야 님과 어릴 적 이야기를 나누었다. 빌라들은 오랜 추억을 소환해냈다. 바로 그런 이유 때문에 좋아 보였고, 바로 그런 이유 때문에 다시는 저런 빌라에서 살고 싶지 않았다.

버드나무는 없었다. 로야 님은 휴대폰을 꺼냈다. 네이버 지도에서 캡처한 나무 사진을 보여줬다. 나무는 많은데 그 나무는 없었다. 버드나무는 네이버 지도 안에서 햇빛을 받고 있었다. 업데이트가 되기 전까지 그러할 것이다. 그곳에 갔는데 그곳이 없다. 그곳에 없지만 그곳에 남아 있다. 이 간격에서 우리는 길을 잃었다.

우리는 나무 대신 신학대학교를 찾아냈다. 안에는 작

은 정원이 있었다. 정원은 풀 무더기에 가까워 보였다. 정원의 나무에는 누군가 버려놓은 훌라후프가 걸려 있었다. 신학대학교 건물은 주민센터 건물만큼 작았다. 창틀은 철재질이었다. 오래된 건물인 듯싶었다. 방음도 방풍도 난방도 냉방도 되지 않을 것만 같았다. 출입구에 A4 용지가 붙어 있었다. '논문 심사'라고 적혀 있었다. 심사 날짜도 적혀 있었다. 미래의 날짜였다. A4 용지만이 유일하게 하얗고 깨끗했다. 출입문은 잠겨 있었다. 학생도 경비도 없었다. 동네 마실을 나온 아저씨 둘이서 풀이 무성한 벤치에 걸터앉아 우리를 유심히 구경하고 있었다.

한 정거장 앞에 있다는 버스는 30분을 기다려도 오지 않았다. 휴대폰으로 다시 검색해보아도 한 정거장 앞에 있다고 했다. 버스를 기다리는 사람들은 같은 방향으로 고개를 돌리고 있었다.

버스에 올라탔다. 만원이었다. 좌석에 앉아 있던 한 남자가 내게 말을 걸었다. 그는 내게 욕을 했다. 왜 욕을 하는지는 알 수 없었다. 나는 들리지 않는 척했다. 나는 내게 욕하는 남자의 눈을 마주 보지 못했다. 눈이 마주치면 욕이 더 심해질 것 같았고, 그 사람이 나를 때릴 것 같았다. 내 옆에 서 있는 여자가 연신 나를 쳐다보았다. 자신이 지켜보고 있다는 걸 내게 알리려는 것 같았다.

얼마나 지났을까. 내 옆에 서 있는 여자가 몸을 부자연스럽게 움직였다. 그 여자의 뒤에 중년 남자가 서 있었다.

중년 남자는 여자의 엉덩이에 자신의 엉덩이를 붙이기 위해 어지간히 애를 쓰고 있었다. 여자는 걸음을 조금씩 옮기며, 어떻게든 아저씨의 엉덩이를 피하려 애썼다. 여자는 차마 뒤돌아볼 용기가 나지 않는 듯싶었다. 그 여자가 왜 중년 남자를 쳐다보지 못하는지 나는 이해했다. 나 역시 욕하는 남자를 쳐다보지 못했으니까. 나는 여자 대신 중년 남자를 쳐다보았다. 내가 이것을 지켜보고 있다는 사실을 중년 남자에게 알리는 것만이 그 여자를 도울 수 있는 방법인 것 같았다. 중년 남자는 나를 곁눈질하다가 자리를 이동했다. 버스는 달렸고, 코너에서 휘청거렸다. 내 옆의 여자와 나는 하나의 봉을 나누어 잡고 있었다. 그 여자의 손과 내 손이 잠깐 닿았다. 여자는 고개를 돌려 내게 목례를 했다. 나도 목례를 했다. 손이 닿아서 미안하다는 표시인 동시에 서로를 봐줘서 고맙다는 표시인 동시에 타인을 대신 봐줘서 고맙다는 인사였다.

2회 차

맹점을 찾아가기로 했다.
폭염이었다. 나는 일사병에 걸렸고
그날이 잘 기억나지 않는다. 그날을 보려고 하면
눈이 부시고

그날
아마도 우리는 걸었다.

그날 이전의 그날에도
아마도 나는 걸었을 것이다.

페루에서 고산증에 걸린 적이 있다.
내게는 마추픽추에서 라마와 찍은 사진이 있다. 라마를 만졌을 테지만 내 기억 속에
 라마는 없다. 아픔은 기억을 표백해내고 그곳이 페루였는지 확실하지 않다.

 로야 님과 나는 화곡역에서 내렸던 것 같다.
 그곳이 화곡역이었는지 확실하지 않다. 로야 님이 내게 보낸 사진 속에서
 나는 킥보드를 타고 있다. 그것을 타고 달렸을 테지만 내 기억 속에

킥보드는 없다.

아픈 날에 나는 너무 뜨겁거나 높은 곳에 있었고
아프면 아플수록 락스를 붓는 것처럼 하얘지고

깨끗하게 눈부신 얼룩들을 발견한다.
지워져서 생긴 얼룩을 지울 수는 없다.

그날 이후의 그날에도
아마도 나는 걸었을 것이다. 겨울이 오고 폭설이 내리고

하얗고 눈부신 것들이 쏟아지고
나는 그것들을 바라보았을 것이다. 뜨겁지도 높지도 않은 곳에서

마침내 내 살에 닿으면
그것들은 사라졌을 것이다. 나는 그것을 만졌을 테지만

비행기가 지나갔고 비행기 소리에 다른 소리들이 사라졌고
이 글은 너의 귀를 지나가고 너의 귀가 눈부시고

지워져서 생긴 소리가 지워지지 않았을 것이다.

3회 차

맹점을 찾아가기로 했어. 일요일이었어. 개천 길을 따라 시장이 열려 있었지. 개천 옆 테이블에 등산복을 입은 사람들이 앉아 있었어. 사람들은 김치전이나 파전 같은 것들을 먹고 있었지. 그 옆에 개가 있었어. 하얗고 커다란 개가 사람들을 구경하고 있었어. 나는 사람들 대신 개에게 인사를 했어. 개는 코를 킁킁거렸지. 킁킁. 킁킁. 나는 그걸 인사로 받아들였어.

한 남자가 콘크리트 바닥에 책들을 늘어놓고서 팔고 있었어. '싸게 팝니다. 천 원'이라고 적혀 있었어. 『가시고기』 『봉순이 언니』『아주 오래된 농담』『상실의 시대』『영혼을 위한 닭고기 수프』. 어릴 적 우리 집 책장에도 꽂혀 있던 책들이었지. 침대에 배를 깔고 누워서 그 책들을 읽던 게 기억이 나. 개 두 마리가 내 다리를 베고서 잠들어 있던 것도 기억이 나. 책을 읽다가 책을 덮고 개를 쓰다듬고 개가 코를 킁킁대다가 잠들고 나는 다시 책을 읽고.

집으로 돌아와 책장을 살펴봤어. 아직도 우리 집에 그 책들이 있었어. 『가시고기』『봉순이 언니』『아주 오래된 농담』『상실의 시대』『영혼을 위한 닭고기 수프』. 하나씩 꺼내어 펼쳐 봤어. 책 속에서 어떤 메모라도 발견하기를 바랐지. 책장을 넘기고 또 넘겼어. 책은 깨끗하더라. 메모도, 접은 곳도 없었어.

어렸을 때부터 나는 책을 깨끗하게 읽었어. 좋은 구절

이 있어도 밑줄을 긋지 않았어. 표지에 무언가 묻지 않도록 조심했어. 띠지도 따로 보관했어. 책을 좋아해서 그랬어. 책을 소중하게 다루고 싶었어.

그래서 아무 흔적도 남지 않았지.

나는 책장에 놓여 있는 액자를 들여다봐. 개들은 이제 액자 속에만 있어. 나는 개의 사진이 더러워지지 않도록 사진을 유리 안에 넣어놨어. 개들은 이제 쿵쿵거리지 않고, 깨끗한 책처럼 계속 그 상태로 멈춰 있겠지.

나는 이제야 책장의 귀퉁이를 접고 밑줄을 긋기 시작해. 예전의 내가 본다면, 책을 훼손하고 있다고 말하겠지. 하지만 어떤 훼손이 어떤 만남이 될 수도 있다는 걸 이제는 알아.

내 눈앞에 있을 개야. 래미야. 네 사진을 봤어. 래미와 나는 아직 만나지 않았고, 만나지 않은 상태에서 나는 이 글을 쓰고 있어.

나는 이것을 내가 건네는 인사라고 생각해. 나는 내가 쓴 글을 찢을 거야. 찢긴 종이 안에 간식을 담아 너에게 줄 거야. 이 글이 훼손되면 훼손될수록 래미는 코를 쿵쿵거리겠지. 내 글이 사라지면 사라질수록 래미와 나는 가까워질 거야. 래미는 내 인사를 알아들을 거야. 알아듣고 있지? 래미가 나를 기억하지 못하더라도, 나는 이 인사를 기억할 거야.

우리는 서울과 경기도를 경계 짓는 지역들을 찾아다녔다. 도시와 도시의 경계는 지도상에 선명한 선으로 그어져 있지만 육안으로는 전혀 보이지 않는다. 그 경계에서는 경계를 보려고 할 필요가 없다. 어차피 보이는 세계가 아니기 때문이다.

우리는 그 경계에서 대신 사람과 동물을 보았고 건물들을 보았고 식물들과 날씨를 보았다. 어디서나 볼 수 있는 것들. 식물과 날씨의 경계는 그림자로부터 비롯되었고 그 그림자 속에는 개나 고양이가 한가롭게 누워 있었다. 나는 내가 본 것들을 기록했다. 그리고 이 기록을 우리는 다시 지워나가기로 했다. 내 기록들은 찢어지고 구겨진다. 그 순간 소리가 되어가고 냄새가 되어간다. 경계 자체가 감각 가능한 물성이 되어간다. 그림자 속에 있던 개 한 마리가 내 문장에 코를 쿵쿵대다 펼쳐 본다. 경계에서 생성된 문장은 개와 만나 개의 것이 되어간다. 문장은 그런 방식으로 사라진다. 경계도 그런 방식으로 사라졌을 것이다.

• 미술작가 봄로야와의 공동 작업 「no(i)se walk」 및 사유지의 미술 전시 곁눈질로 〈빤히 쳐다보기〉(2018)의 맹점 - 워크숍에 참여했던 경험으로 썼다.

2부
비단처럼 부드러운
그 무엇인가가

스물셋

"뭘 봐요?"

그 애에게 나는 물어보았다. 무언가를 들킨 사람처럼 그 애는 화들짝 놀랐다.

"광고요. 이게 아무것도 아니긴 한데, 보다 보면 재밌거든요."

그 애는 머리를 긁적였다.

"알아요. 재밌죠."

그 애는 팔짱을 꼈다. 나도 팔짱을 꼈다. 고개를 숙인 채 각자의 문제집을 들여다보았다. 문제집 안에는 또 다른 문제집의 광고들이 실려 있었다. 교복을 입은 여자아이가 그려진 광고였다. 여자아이가 만세를 외치고 있었다. 한쪽 손에는 문제집을 들고 있었다. 여자아이의 눈에서 눈물이 줄줄 흘러내리고 있었다. 그 여자아이 밑에서 다른 아이들이 박수를 치고 있었다.

'1등급, 백 일 만에 한 권으로 끝!'

문제집의 다른 면들에는 시커먼 활자밖에 없었지만 광고 지면은 컬러풀했다. 사진이나 그림이나 도형 같은 것도 실려 있었다. 광고 지면들은 저마다 갖가지 방식으로 최선을 다해 상품을 어필했다. 그래서 재밌었다.

스물셋. 내가 고졸 검정고시를 뒤늦게 치르고 입시 학원에 들어갔던 나이이다. 나는 꼴찌 반으로 배정받았다. 그만큼 반 배정 시험의 성적이 안 좋았다. 다른 반에는 스무 살짜리 동갑내기들이 모여 있었지만, 우리 반에는 스무 살짜리 재수생이 드물었다. 열여덟 살에 학교를 그만두고 프로 킥복싱 선수로 활동하고 있다는 열아홉 살 가람이, 여상을 졸업하고 대기업에 취직했다가 2년 만에 퇴사했다는 스물두 살 규희, 학교를 그만두고 도자기 회사에서 일을 배우다가 왔다는 소은이, 부상으로 운동을 그만두고 대학 대신 군대를 다녀왔다는 필이. 이 반에서 나는 나이가 가장 많은 학생이었다. 반 아이들은 나를 '큰이모'라고 불렀다.

아침 7시 30분부터 밤 11시까지 쉬지 않고 공부했지만, 입시를 차곡차곡 준비해온 학생들을 따라가기란 어려웠다.

"언니는 꿈이 뭐야?"

꼴찌 반 아이들은 내게 물어왔다. 그때마다 답할 말이 떠오르지 않았다. 너의 꿈은 무엇이냐고 되물었다. 규희는 지금 이 생활이 자신의 꿈이라고 했다. 규희는 대기업에서 방진복을 입고 일했다고 했다. 2년 정도를 그렇게 살았다고 했다. 안전 고글을 쓰고 니트릴 글러브를 낀 채 일을 하다 보면 저녁이 왔고, 동료들과 함께 회사 기숙사에 들어가 잠을 잤다고 했다. 방진복과 방진복과 방진복의 날들이었다고 했다. 방진복에 갇혀 지냈다고 했다. 방진복을 벗을 수 있다면, 다른 것은 아무래도 상관없다는 생각이 들었다고 했다. 그리고 2년 동안 회사에서 모은 돈을 입시 학원비로 모두 쓸 예정이라 했다.

킥복싱 선수인 가람이는 대회 때문에 중간중간 수업에 빠졌다. 며칠 만에 돌아온 가람이는 손목에 붕대를 감고 있거나 다리를 절고 있기도 했다. 쉬는 시간에는 아이들에게 가드를 올리는 법이나 돌려차기 방법 같은 걸 전수해주기도 했다. 발끝에 힘을 싣는 법을 말하다 말고, 가람이는 자신의 꿈이 가람유치원을 세워 가람유치원 원장이 되는 것이라 했다.

"큰이모, 유치원 원장이 꿈이라는 거, 진짜 비밀입니다."

얻어맞아 찢어지고 퉁퉁 부은 입술로 가람이는 말했다.

성적이 상승한 아이들은 반을 옮겼다. 나도 성적표를 들고 담임 강사를 찾아갔다. 학원에서는 수준별 강의법을 선택하고 있었다. 성적이 오른 나는 인서울 반으로 옮겨 갔고, 성적이 더 오르리라 기대했다. 그 반에서 나는 종일 아무 말도 하지 않았다. 다른 아이들도 대부분 마찬가지였다. 점심시간마다 반찬으로 꼴뚜기조림을 먹었고, 수많은 꼴뚜기 사이에 가끔 멸치가 한 마리씩 껴 있었다는 것만 기억이 난다. 두 달 만에 나는 담임 강사에게 사정을 해 꼴찌 반으로 돌아갔다. 수능을 보던 그날까지 '돌아온 배신자 큰이모'라고 놀림을 받았다.

스물네 살에 대학에 들어가 8년 동안 학교를 다녔다. 한 학년 진급하는 데 2년씩 걸린 셈이다. 꼴찌 반과 달리 모두 같은 꿈을 가진 사람들이 모여 있었다. 모두가 글을 썼다. 모두가 같은 책을 읽었다. 모두가 작가가 되기를 원했다. 나도 마찬가지였다. 오랜 시간 동안 그들과 함께 공부를 했고, 어울려 놀았다. 그렇지만 나는 그 누구와도 허물없는 친구가 되지 못했다.

규희는 '봉숭아손톱'에 취직을 했다. '봉숭아손톱'이라니, 상호가 참 예쁘다고 나는 말했다. 다들 상호가 촌스럽다고 하는데 예쁘다고 하는 사람은 처음이라며 규희는 웃었다. 소은이는 다니던 회사에서 퇴사했다. 대학 졸업 후 처음으로 백수가 되었는데, 속이 다 시원하다고 했다.

"다시 다 같이 학원 다니고 싶다. 그때는 매일매일 만났는데."

만날 때마다 우리는 이야기한다. 만날 때마다 친구들은 나를 놀린다.

"자기 혼자 살겠다고 반을 옮기고 말이야. 잘했어, 잘못했어? 갔으면 간 거지 왜 또 돌아왔대? 막상 가니까 우리가 보고 싶었지?"

"응, 보고 싶었어."

나는 고개를 끄덕인다.

너무 맛있는 빵

그 방에는 커다란 창문이 있다. '창으로 된 벽'이라고 해야 더 정확할 것 같다. 남쪽으로 난 창이었다. 아침부터 저녁까지 햇빛이 방에 가득 찼다. 창 앞에 서 있으면, 창밖으로 난 작은 도로가 보였다. 작은 도로를 따라 이어진 번화가도 보였다. 손을 꼭 잡고 있는 커플이나 아이를 데리고 있는 엄마나 교복을 입고 있는 아이들이 아이스크림 따위를 들고 걸어 다니는 것이 보였다. 번화가 한복판에는 야외무대가 설치되어 있었다. 주말마다 소소한 공연이나 행사가 열렸다. 음악과 박수 소리가 내 방까지 들려왔다. 무대 가장자리에서 색색의 풍선을 파는 장수도 보이곤 했다. 무대 너머로는 또 다른 도로와 건물 들이 끝없이 이어졌고, 그 겹겹의 끝 너머에 반짝반짝 빛나는 강이 흐르는 것도 보였다. 아름다운 창이었다. 나는 그 창이 싫었다. 그 창에서 쏟아지는 햇살도, 창밖으로 내려다보이는 풍경도 싫었다.

몸 밖으로 튀어나온 몇 개의 핀을 가리키며 의사는 조심하라고 말했다. 행인이 핀을 치기라도 한다면, 다시 뼈가 부러질 것이라 했다. 한 번 더 부러지면 다시는 붙지 않을 수도 있다고 했다. 절단된 환부에는 피딱지와 고름이 덕지덕지 말라붙어 있었고, 몇 달 동안이나 제대로 씻지 못해 악취가 스멀스멀 올라왔다. 밖으로 나가 몇 걸음을 걸어보려 하면 몇 분도 채 지나지 않아 환부가 찢어질 듯 아파왔다. 누군가 유리 조각이 자잘하게 붙어 있는 실로 내 발을 칭칭 감고 조금씩 실을 잡아당기고 있는 것 같았다. 행인이 내 옆을 지나갈 때마다 그가 내 몸을 칠까 두려웠고, 내 몸 냄새를 맡을까 봐 부끄러웠다. 결국 방 안에 틀어박혀 꼬질꼬질한 내 발과 밝은 창만 번갈아 보며, 애꿎은 창만 미워하며 지내고 있었다.

그때 빵 생각이 났다. 일곱 살 때, 엄마는 '계란빵'이라는 간식을 만들어 주었다. 엄마가 빵을 만드는 동안 나는 엄마 앞에 쪼그려 앉아 빵 만드는 과정을 구경했다. 날계란을 반으로 쪼개, 양쪽 계란 껍데기에 노른자를 번갈아 이동시켜가며 흰자와 노른자를 분리했다. 양푼에 흰자만 가득 모아서 거품기로 한없이 저었다. 오른손으로 젓다가 왼손으로 젓다가 일어나서 젓다가 다시 앉아서 저었다. 투명했던 흰자는 조금씩 하얘지다가, 나중에는 크림처럼 응고되었다. 머리 위로 양푼을 거꾸로 들어 올려도 흰자가 흘러내리지 않으면, 거기에 노른자와 설탕과 밀가루를 넣어 반죽을 완성했다. 반죽을 커다란 프라이팬에 부었다. 프라이팬을 가스레인지에 올린 후 가장 약한 불로 오래도록 구웠다. 반죽을 만드는 일도, 빵을 굽는 일도 종일 걸린다고 느낄 정도로 오랜 시간이 필요한 일이었다. 계란빵을 만드는 동안 나는 집 밖으로 놀러 나가지 않았다. 빵집에서 파는 빵에 비하면 부드럽지도 달콤하지도 않았지만, 조금씩 부풀어 오르는 빵 냄새를 맡으며 부엌을 서성이는 것보다 설레는 일은 없었다.

 냉장고로 걸어가 계란을 꺼냈다. 엄마가 했던 대로 흰자와 노른자를 분리하고, 흰자를 휘젓기 시작했다. 생각처럼 되질 않았다. 흰자는 계속 투명하고 미끌거리기만 했다. 액체를 휘저어 어떻게 고체로 만들 수 있는 건지 이해가 가질 않았다. 오른손으로 젓다가 왼손으로 젓다가 일어나서 젓다가 다시 앉아서 저었다. 팔이 떨어질 것 같다가 팔이 떨어질 것 같다는 느낌도 없어졌을 때쯤, 흰자가 하얀색을 띠기 시작했다. 완성된 반죽을 프라이팬에 부은 다음, 가스레인지에 올렸다. 조금씩 퍼져가는 빵 냄새를 맡고 있을 때, 쪽지 한 장이 떠올랐다.

 교통사고가 났을 때, 나를 들쳐 업고 사방팔방을 뛰어다닌 남자가 있었다. 모르는 남자였다. 그가 나를 업고 돌아다니는 동안 그의 얼굴에서 땀이 뚝뚝 흘러내려서 그의 목에 두른 내 팔이 다 젖었던 것이 기억났다. 119는 고사하고 마을 전체에 제대로 된 병원 하나 없는 외국의 시골이었다. 그는 나 대신 다른 도시의 큰 병원을 알아봐주었고, 그 병원까지 가는 차편도 마련해주었다. 모르는 남자의 도움으로 나는 가까스로 병원에 도착했고, 소위 말하는 골든 타임을 30분 앞두고 수술을 받을 수 있었다. 그와 헤어질 때, 그는 필요할지도 모른다면서 쪽지 한 장을 내게 주었다. 까맣게 잊고 있던 그 쪽지를 찾아 펼쳐 보았다. 그의 이름이 적혀 있었고, 그 아래에 전화번호와 메일 주소가 적혀 있었다. 그는 변씨 성을 가진 남자였다. 메일 아이디는 satto, '사또'였다. '변사또'라니. 오랜만에 웃음이 나왔다. 나는 컴퓨터를 켜고 변사또 님께 메일을 썼다. 지금 난생처음으로 계란빵을 구웠다고. 익어가는 빵 냄새를 맡으면서 지금 이 편지를 쓰고 있다고. 모든 것이 당신 덕분이라고. 감사하다고.

첫 빵은 완전히 망했다. 윗부분에는 덜 익은 반죽이 텀벙거렸고, 아랫부분은 새까맣게 타버렸다. 옷을 챙겨 입고 밖으로 나갔다. 작은 도로를 지나고 상점들이 즐비한 번화가를 지나서, 통신사 행사 중인 야외무대를 지나고 또 다른 건물들을 지나서, 마트에 들어갔다. 통장에 있던 돈을 모두 인출해서 오븐을 샀다.

따뜻하고 밝은 햇살이 싫어지고, 그 햇살을 싫어하는 내가 더 싫어질 때마다 빵을 만들었다. 빵을 기다리면서 가끔, 그 남자에게 편지를 썼다. 엄마가 만들어 주던 계란빵이 카스텔라의 한 종류였다는 사실을 알게 되었고, 베이킹파우더와 이스트를 구별할 수 있게 되었다. 배꼽이 볼록하게 나오도록 마들렌을 구울 수 있게 되었고, 빵틀과 제빵 주걱과 제빵용 저울과 전동 거품기를 하나씩 하나씩 구입하게 되었다.

빵을 만들지 않는 대부분의 날에 나는 괜찮았다. 그러다 햇살을 원망하는 날들이 쌓여갔고, 빵이 맛있게 구워졌다. 점점 맛있어지는 나의 빵을 한입 베어 물면서 생각했다. 너무 맛있는 빵은 만들지 말자고.

마들렌 만드는 법
준비물—밀가루, 계란, 설탕, 버터, 베이킹파우더, 소금

1. 밀가루, 설탕, 버터를 1:1:1 비율로 준비한다.
(저울로 정확하게 계량하면 좋지만, 대충 해도 별 탈은 없다. 각각 백 그램씩 준비하면 마들렌 열두 개를 만들 수 있다.)

2. 밀가루와 설탕을 담은 그릇에 베이킹파우더 한 꼬집과 소금 한 꼬집을 넣고 섞는다.
(체로 쳐주면 좋지만 안 쳐도 상관없다.)

3. 계란 몇 알을 넣고 살살 휘저어준다.
(밀가루 백 그램 기준 두 알. 이때 녹차 가루를 넣으면 녹차마들렌이 되고, 레몬 껍질을 넣으면 레몬마들렌이 된다. 나는 바닐라 엑스트랙트를 넣

지만, 아무것도 안 넣어도 맛있다.)

4. 전자레인지로 버터를 녹인다.
(펄펄 끓는 버터를 반죽에 넣으면 계란이 익어버리니까, 잠깐 동안 냉장고에 넣어 살짝 식혀준다.)

5. 반죽에 버터를 넣고 완전히 섞일 때까지 휘저어준다.

6. 반죽 완성. 그릇을 랩으로 싸서 밀봉한 다음, 냉장고에 넣고 기다린다.
(나는 세 시간 정도 기다린다. 빨리 굽고 싶어도 잘 참고 기다려야 배꼽이 볼록한 마들렌을 만들 수 있다.)

7. 숟가락으로 반죽을 떠서 빵틀에 담는다.
(빵틀에 식용유나 버터를 바르고 그 위에 밀가루를 솔솔 뿌려놓은 후에 반죽을 올리면 나중에 빵틀에서 빵이 잘 떨어진다. 빵틀이 없으면 작은 컵 같은 것을 써도 상관없다.)

8. 예열된 오븐에 넣고 구워준다.
(나의 경우 180도에서 15분 굽는다. 오븐에 따라 다르니까, 살펴보면서 굽도록 한다.)

9. 꺼내 먹는다. 냠냠.

"ㄴr 솔oLoF"

    2000년 2월 나는 초등학교를 졸업했다. 졸업식 날 친구와 타임캡슐을 묻었다. 20세기의 마지막을 기념하고 싶은 초딩다운 아이디어였다. 어린이에서 청소년이 되는 해였고 친구와 내가 서로 다른 중학교에 입학하는 해였다. 우리는 가장 소중한 것을 담아서 보관해두기로 했다. 담아둔 것이 무엇인지는 꺼내볼 날이 올 때까지 비밀로 하기로 했다. 가장 소중한 것이니까 반드시 찾으러 오게 될 거라며, 그때 담아둔 것을 서로 보여주자고 했다. 그렇게 우리가 다시 만날 미래를 약속해두려 했다. 우주가 담긴 것처럼 보이는 파란 왕구슬과 세 시간을 걸어서 구해 온 게임팩, 크리스마스 때마다 아나운서들이 옷깃에 매달고 나왔던 사랑의열매 배지 같은 것들을 방바닥에 늘어놓았다. 무언가 부족했다. 언니의 오디오에 공테이프를 집어넣었다. 녹음 버튼을 눌렀다. 내 목소리를 녹음하기 시작했다. 타임캡슐에 넣을 수 없는 것들에 대해 말해나갔다. 내가 좋아하는 날씨와 냄새와 음식, 휘파람 소리, 좋아하는 노래, 가장 행복했던 날과 가장 고마웠던 기억…… 녹음이

진행될수록 끔찍했던 기억으로 옮아갔다. 아홉 살 생일 파티 때 친구들과 다퉜던 일에 대해. 열몇 명의 친구들이 나를 에워싸고서 선물을 돌려달라고 외쳤던 것에 대해. 다음 날 친구 한 명이 찾아와 내게 미안하다고 해준 것에 대해. 마지막으로 나는 내 친구의 이름을 말했다. 위현우. 우리 반에서 키가 가장 작은 여자애. 반의 최장신이 되어서 자기를 못살게 구는 애들을 실컷 혼내주는 상상에 자주 빠진다던 아이. 우리 반에서 내가 제일 큰데. 나는 답했고, 친구는 망연자실한 표정으로 나를 올려다보았다. 곰만큼 커져야 되나. 아니, 용가리만큼. 그래, 용가리 정도는 되어야겠다.

†

다섯 살 때부터 내 친구는 죄다 남자였다. 열 살 때까지 내 별명은 '호모'였다. 고무줄놀이와 종이 인형 놀이보다 팽이와 미니카를 좋아했기 때문이다. 놀이터에서 취권과 텀블링을 수련했기 때문에, 오락실에서 버블보블과 테트리스 대신 스트리트파이터와 메탈슬러그를 했기 때문이다. 열한 살 때 전학을 갔다. 호모라고 놀림받지 않는 것을 to-do list에 넣었다. 팽이와 미니카는 집에서만 갖고 놀았다. 딱지를 접는 남자애를 볼 때마다 저절로 눈길이 갔지만 애써 외면했다. 유행하던 큐빅 팔찌를 구입했고,

S.E.S.의 「Oh, My Love」 안무를 연습했다. 소풍을 앞두고 장기자랑 연습을 하고 있는 여자 친구들에게 내가 연습한 안무를 보여주었다. 태권도하는 것처럼 보인다는 말을 들었지만, 호모라는 말은 더 이상 듣지 않게 되었다.

열다섯 살 때 친구에게 연애편지를 대신 써 달라는 부탁을 받았다. 밤마다 찾아오는 달과 달빛 때문에 생기는 옅은 그림자를 좋아하는 마음에 비유했다. 쉬는 시간에 친구는 교탁으로 나갔다. 임솔아가 쓴 것 좀 들어보라며, 내가 대신 써 준 연애편지를 낭독했다. 오, 주여!라는 추임새를 중간중간 넣어가면서. 반 아이들은 미친 듯이 웃었다. 나는 교탁으로 뛰어 올라갔다. 친구는 편지를 구겨서 다른 아이에게 던졌다. 그 아이는 또 다른 아이에게 패스했다. 공을 주고받듯 아이들은 내 글을 던지며 놀았다. 시인님이라는 말을 들으면 지금도 기분이 야릇해지는 건, 그때 내 별명이 시인님 그리고 예수님이었기 때문이다.

2002년 월드컵과 40화음 휴대폰, 버디버디와 싸이월드의 세계를 지나왔다. 천만 명의 붉은악마와 도토리의 영토에서 문학은 보통의 취향으로 인정받지 못했다. 일렉트릭 기타를 메고 다니던 아이들처럼 개성으로 간주되지도, 테니스부 아이들처럼 특기로 취급되지도 않았다. 문학은 외톨이의 표징 중 하나일 뿐이었다. 적어도 내가 속한 환경에서는 그랬다. 학교 도서관에는 절대 가지 않았다. 신조어와 이모티콘을 공부했고, "ㄴr 솔oLoF"라고 적은 메일을 발송했다. 생리대 파우치 안에 담배를 숨겨놓고 다니는 중학생처럼 숨어서 책을 읽고 숨어서 글을 썼다. 그러면서도 문학을 끝내 좋아했던 건, 책 속에서라야 나와 비슷한 입장의 사람들을 만날 수 있었기 때문이다.

  문학을 전공하는 학과에 들어가고서는 문학은 위대한 것이라 말하는 교수님을 보았다. 팽이나 딱지가 위대하다는 말처럼 들렸다. 만약 문학이 위대할 수 있다면 그건 문학이 위대하기 때문이 아니라, 보통의 바깥으로 밀려나버린 사람들 혹은 보통의 바깥을 선택한 사람들이 만들어나가는 삶의 방식을 목격할 수 있어서다. 그들이 몸소 부대끼고 관통하며 보통을 무화하는 걸 목격할 수 있어서다. 그러나 대학에서의 문학은 완전히 보통의 범주였다. 순문학은 온갖 칭송을 한 몸에 받는 성골 핵인싸의 상징이었다. 달콤하지 않았다면 거짓말이다. 태어나서 처음으로 인정받는 기쁨, 중심에 진입했다는 안도감을 느꼈다. 나를 호모라고 놀렸던 아이들은 이 안락함을 평생 누려왔을까,라는 뒤늦은 질문도 생겨났다.

†

  친구가 메일을 보내왔다. 타임캡슐을 꺼내기로 약속한 그다음 날이었다. 내내 기억하고 있었는데 하필 어제 깜빡 잊어버렸다고, 미안하다고 적혀 있었다. 나는 약속한 시간에 그 장소에 찾아갔다고, 네가 오지 않아 오래도록 기다렸다는 답장을 보냈다. 사실 그다지 오래 기다리지 않았다. 안 올 것을 알고 있었기 때문이다. 우리가 어디에다 타임캡슐을 묻었는지도 도무지 알 수 없었다. 오히려 그날을 기억하고 메일을 보내준 친구에게 조금 놀랐다. 고등학교를 졸업할 때 다시 만나 타임캡슐을 열어보자고 우리는 몇 번의 메일을 주고받으며 다시 약속을 정했다.

나는 지금 내가 어린 날 비밀리에 묻어둔 타임캡슐들이 어떤 것인지를 여기에다 꺼내놓았다. 내 친구가 이 글을 읽게 된다면, 그 친구도 자신이 담았던 것들을 내게 꺼내 줄지 모른다. 나는 그날 왜 거기에 안 갔을까. 서울에서 모든 걸 다 잊어버리고 지냈다고 말해야 할까. 고등학교를 졸업하지 않았으므로, 우리가 만나기로 한 그날이 언제를 뜻하는 건지 알 수 없었다고 말해야 할까. 가지 않았던 게 아니다. 완전히 잊고 살았다. 이 글을 쓰다가 갑자기 기억이 났다. 친구는 이런 나에게 어떤 이야기를 들려줄까. 나도 그곳에 가지 않았다고 말할 수도 있겠지. 그날 그곳에서 오래 기다렸다며 나를 원망할 수도 있겠지. 친구의 얘기를 내가 듣게 되는 건 좀더 미래의 일이다.

잠시 중지된

나는 은빛 돗자리 옆에 서 있다. 해바라기를 올려다본다. 해바라기는 나보다 크다. 해바라기는 고개를 떨구고 있고, 샛노랗던 꽃잎은 메말라 있다. 대신 새카만 씨앗들이 드러나 있다. 나는 침을 삼킨다. 손을 뻗어도 닿지 않는다. 105호 아주머니가 돗자리에서 일어난다. 해바라기 씨앗을 하나씩 똑똑 따낸다. 손톱으로 꾹 눌러 씨앗 껍데기를 벗겨낸다. 하얀 씨앗 알맹이를 내게 건넨다. 나는 그것을 오독오독 씹어 먹는다. 햇빛에 잘 익은 맛이다. 매년 여름마다 나는 해바라기 씨앗을 얻어먹기 위해 갈래머리를 펄럭이며 그곳으로 뛰어 갔다. 그 아파트 단지에 사는 아이들 대부분이 그랬다.

나는 5층짜리 건물 열세 동으로 이루어진 주공 아파트 단지에서 살았다. 총 540세대가 살았다. 현관문을 열고 나와 1층으로 내려오면 곧장 놀이터가 나왔다. 3층짜리 놀이터였다. 1층에는 낮은 구름사다리가, 2층에는 소방관처럼 타고 내려올 수 있는 봉과 미끄럼틀이, 3층에는 비밀 기지 같은 작은 오두막들이 있었다. 오두막에는 밤비

나 인어공주 같은 게 그려진 벽화가 있었다. 3층에서 뛰어내려도 다치지 않았던 걸 보면 그다지 높지 않았던 듯하지만, 그때의 내게는 놀이동산만큼 커다랗게 느껴졌다. 그 옆에는 드넓은 잔디밭이 펼쳐져 있었다. 토끼풀꽃이 아주 많았다. 나는 그곳에서 동네 아이들과 부메랑을 던지거나 야구를 하곤 했다. 잔디밭을 조금 더 걸어가면 롤러스케이트나 스케이트보드를 탈 수 있는 자그마한 광장과 약수터가 있었고, 오른쪽으로 꺾어 내려가면 슈퍼와 약국, 문구점과 도서 대여점이 모여 있는 상가가 있었다. 바깥에서 급하게 통화를 해야 하는 일이 생길 때, 나는 아무 가게나 들어갔다. 어느 가게에서든 내게 40원을 내줬다. 나는 동전을 넣고 공중전화 부스에서 통화를 했다. 가게의 주인들은 내가 어떤 과자나 장난감을 좋아하는지, 얼마나 오래 축농증을 앓고 있는지 따위를 잘 알고 있었다. 상가 옆에서는 매일 자그마하게 장이 열렸다. 할머니들이 바닥에 앉아 직접 캐 온 쑥이나 냉이 같은 것들을 바구니에 담아놓고 팔고 있었다. 금요일이면 뻥튀기 장수가 찾아왔다. 그 시장에서 길을 건너가면 와동 주공 아파트 단지가 나왔다. 와동 주공 아파트 옆에는 연축 주공 아파트 단지가 있었다. 건물 외벽 색깔이 다르다는 것만 빼고는 내가 사는 아파트와 다를 것이 없었다. 똑같은 열세 평짜리 주공 아파트였다. 세 개의 주공 아파트 단지를 삼각형으로 이은 가운데 자리에 초등학교가 있었다. 그 초등학교에 다니는 아이들은 대부분 주공 아파트에 살았다. 연축 주공 아파트에는 비디오 대여점이 없다든가, 우리 주공 아파트 약수터에는 두꺼비 말고 사자 입에서 물이 뿜어져 나온다든가 하는 이야기를 하며 자신이 사는 아파트 단지가 가장 좋다고 우기는 일은 잦았으나, 그런 얘기로 자존심이 상하는 일은 없었다. 아이들은 자전거에 자물쇠를 걸지 않았다. 그래서 자주 도난당했으나, 일주일이면 도난당한 자전거를 찾을 수 있었다. 누가 어떤 자전거를 타고 다니는지 다 알고 있었으므로, 눈에 띄지 않을 수가 없었다.

내가 열 살이 되던 해에 우리 가족은 다른 동네의 신축 빌라로 이사를 했다. 이사한 집에는 거실과 안방이 따로 있었다. 화장실은 두 개나 있었다. 거실 천장에는 꽃봉오리 모양의 조명이 달려 있었다. 조명 위에서 민트색 팬이 빙글빙글 돌아갔다. 새집 특유의 냄새가 났다. 지나치게 넓게 느껴지는 집에서 익숙한 요를 깔고 누웠던 첫날, 엄마는 내게 말했다. 너무 안 좋은 집에서 너무 오래 살게 해서 미안했다고. 나는 눈을 끔뻑거렸다.

"아닌데. 우리 집 되게 좋았는데."

나는 그때 우리 가족이 먹고 잠드는 열세 평의 공간만 집이라 여기지는 않았다. 해바라기와 105동 아주머니, 오두막이 있는 3층 놀이터와 토끼풀꽃이 무성한 잔디밭, 상가 이웃들과 동네 아이들. 어린 시절 나는 이 모든 것을

'우리 집'으로 여겼다.

 이사를 간 동네는 초등학교를 중심으로 북쪽과 남쪽으로 나뉘어 있었다. 북쪽에는 천3백 세대짜리 1급 브랜드 아파트 단지가 있었다. 남쪽에는 언덕을 깎아서 만든 비스듬한 지대에 다세대주택과 오래된 단독주택 들이 모여 있었다. 나뉘어진 아이들은 함께 등하교를 하는 법이 없었다. 북쪽 아이들은 다마고치나 삐삐 따위를 갖고 놀았다. 그 아파트 단지의 부모들 사이에서는 중국 스타일 롱 스커트나 프릴 스커트를 아이에게 입히는 것이 유행이었다. 남쪽 아이들은 남쪽 동네를 가로지르는 철로에 동전 따위를 올려놓으며 놀았다. 남쪽 동네의 부모들은 숫자가 커다랗게 적혀 있는 럭비 티셔츠를 아이에게 자주 입혔다. 남쪽 동네에 있는 유일한 옷 가게인 '또래끼리'에서 옷을 사 주는 부모가 많았기 때문이다. 북쪽과 남쪽은 학군도 달라서, 가게 될 중학교도 달랐다. 어쩌다 서로의 지역에 놀러 가는 일은 있었으나, 말 그대로 '어쩌다 한 번' 있는 일이었다. 나는 남쪽 언덕 동네에 사는 아이였다. 내가 사는 빌라는 서른두 평이나 되었고, 천연 소금을 넣는 연수기가 설치되어 있었고, 베란다에는 모과가 열리는 나무가 있었지만, 나는 남쪽 동네에 사는 아이였다. 놀이터나 잔디밭 따위는 당연히 없었다. 내 또래 아이가 많지 않았다. 내가 사는 빌라에 또래 아이가 한 명 있긴 했다. 그 아이와 나는 학교에서 마주칠 때에는 인사를 했지만, 동네에서 마주칠 때면 서로 알은체하지 않았다. 똑같은 럭비 티셔츠를 입고서 비밀을 들킨 사람처럼 서로 피해 다녔다. 남쪽 아이들이 가장 많이 몰려 있던 곳은 담배 연기가 자욱한 PC방과 성인용 오락실이다. 그곳에는 '형들'이 있었다. 초등학교 고학년생부터 고등학생까지. 누군가는 어린 나이부터 형들과 어울렸고, 누군가는 형들을 피해 다녔다. 형들을 피해 다니게 된 다른 아이들처럼, 나도 집 안에서 오래 지내게 되었다. 밖을 나오지 않았다. 우리 집은 아주 넓었는데, 우리 집은 내게 너무 좁았다. 누가 어디에 살고 있는지 모두가 알고 있다는 사실이, 처음으로 곤란하게 느껴지기 시작했다.

 열아홉 살이 되어갈 무렵, 나는 처음으로 가족을 떠났다. 내가 살 집을 내가 골랐다. 집을 고르는 기준은 단 하나였다. 좋은 동네일 것. 마포구 상수동에 방을 얻었다. 고작 세 평짜리 방이었지만, 도보 10분이면 홍대 거리가 나왔다. 도서관은 물론이고 공연장과 맛집이 밀집해 있었다. 반대편으로 걸어가면 한강이 나왔다. 3분이면 지하철역에 도착했다. 서울에 관광을 온 동창들은 내게 전화를 걸어 홍대 맛집을 추천해달라고 했다. 가게 안에 벚나무가 심어져 있는 일식집과 연예인이 운영하는 포장마차를 소개했다. 하지만 내가 복도형 고시텔에서 살고 있다는 것, 공용 부엌에 있는 끔찍하게 지저분한 프라이팬으로 매일 요리를 해서 먹는다는 것, 공용 냉장고에 넣어둔 음식을 훔쳐 먹는 사람들이 내 이웃이라는 것을, 아무도 몰랐고 궁금해하지도 않았다. 1년 정도 지났을까. 어느 날 나는 천장을 올려다보았다. 밝게 켜진 형광등이 보였다. 방을 천천히 둘러보았다. 손바닥을 천장 방향으로 뒤집었다. 내 손바닥 안에 형광등의 밝은 빛이 고여 있는 것을 물끄러미 내려다보았다. 분명히 밝았는데, 빛이 느껴지지 않았다. 그때의 나는 그것이 이상한 일이라고 생각했다. 이렇게나 밝은데 왜 이렇게 어두운 것 같을까. 내 몸에 오랜 시간 어둠이 번져왔다는 것을 그때 알아챘다. 내 방에 창문이 없다는 사실을 처음 알았다.

낮 시간에 하는 아르바이트는 시급이 적었다. 월세와 식비를 해결할 정도는 되었으나, 겨울옷을 사거나 미용실에 가기는 어려웠다. 대신 호프집 야간 아르바이트를 구했다. 밤 9시에 출근해서 새벽 5시까지 서빙을 했다. 집에 돌아와 씻고 나면 아침이 되었다. 오후가 되어서야 눈을 떴다. 밥을 챙겨 먹고, 청소와 빨래를 하고, 방에서 책을 읽거나 글을 쓰면 출근 시간이 되었다. 한 달에 며칠이나 햇빛을 보았을까. 나는 그 방에서 3년을 살았다. 마지막 6개월 동안은 일어나자마자 매일 한강에 나갔다. 햇빛을 듬뿍 쬐고 싶었다. 지칠 때까지 걷고 싶었다. 침대에 눕자마자 곯아떨어지고 싶었다. 아무리 걸어도 잠이 오질 않았다. 햇빛이 부족한 탓에 걸린 불면증은 어느새 만성이 되어 있었다.

이후 1년에 한 번 꼴로 이사를 다녔다. 이십대 내내 서울을 전전하며 알게 된 것은, 자기 힘으로 살아가는 이십대가 '살 만한 집'은 서울에 존재하지 않는다는 것이었다. 불법 증축으로 만든 옥탑방이든, 장마철마다 곰팡이와 전쟁을 치르는 반지하든, 인간다움을 유지할 수 있는 최소한의 조건 중 하나 이상이 누락되어 있었다. 그 누락은 얼마나 오래, 얼마나 강도 높게 지속되느냐에 따라 한 인간을 전혀 다른 사람으로 바꿀 수 있었다.

삼십대가 되면서 서울에서 사는 것을 그만두었다. 나는 '작가'라는 직업을 가졌고 어딘가로 출근할 필요가 없었기 때문에, 어떤 지역에서 살든 상관이 없었다. 집에서 일을 했고 집에서 쉬었다. 나의 능력만으로 '작업 공간'이 확보된 집을 얻으려면 탈서울할 수밖에 없다는 판단이었다. 지난 4년 동안 나는 내 집을 재택근무에 적합한 공간으로 조금씩 바꾸어왔다. 자그마한 공간이었으나 적어도 작업 공간과 잠자는 공간을 깔끔하게 분리할 수 있었다. 나는 팬데믹 때도 큰 변화 없이 지내왔던 대로 지낼 수 있었다. 한 달에 한두 번 정도 있던 모임이 사라졌다는 것, 마트에서 직접 보던 장을 인터넷을 통해 보게 되었다는 것. 달라진 건 그 정도밖에 없었다. 사람을 만날 일이 없으니 서울에 갈 일이 없어졌다. 버스를 타고 기차역에 들어가 KTX로 갈아탄 이후 다시 지하철을 타야 할 필요가 없어졌다. 정규직이 아닌 프리랜서로 살아가면서 나는 소득이 일정

하지 않고 언제 일이 끊어질지 알 수 없다는 이유로 어느 정도의 불안감을 품고 살아왔다. 정규직이 누리고 있는 혜택으로부터 배제될 수밖에 없는 처지에 놓여 있다는 불안감이 내게는 늘 있던 것이다. 그러나 이 불안감이 사회적 거리두기가 강화된 팬데믹으로 인해 잠시 중지된 느낌이 들었다. 이것을 혜택으로 받아들여야 할지, 불길한 징후로 받아들여야 할지 나는 아직 잘 알지 못한다.

또 무엇이 우리를 기다리고 있을까

1992년 8월 9일, 나는 텔레비전의 모든 방송국이 같은 얼굴만 보여줘서 리모컨을 들고 연신 채널을 돌리던 여섯 살이었다. 거실에서 고추를 다듬고 있던 엄마는 계속해서 눈물을 흘리고 있었다. 황영조가 마라톤 종목에서 금메달을 딴 것 때문에 눈물을 흘리고 있는 엄마를 보며, 나도 리모컨을 손에 쥐고 눈물을 흘렸다. 황영조 때문은 아니었고, 엄마 때문이었다. 내가 기억하고 있는 한도 안에서, 그날은 내가 엄마의 눈물을, 말을 배우듯 흉내 내며 배운 첫날이었다. 더불어 한국인으로서 내 첫 자의식을 경험한 날이었다.

1994년 10월 21일, 초등학교 1학년이던 나는 학교에서 친구들로부터 성수대교가 무너졌다는 소식을 들었다. 한강을 본 적도 없고 성수대교라는 단어도 처음 들었던 나는, 겨우 육교를 상상했다. 집에 돌아오고 나서야 텔레비전 화면으로 성수대교를 보게 되었다. 육교 열 개를 합한 것보다 더 커보였다. 다리 위 자동차들은 장난감처럼 작게 느껴졌다.

1995년 6월 29일에도, 모든 채널이 같은 장면을 방영하고 있었다. 같은 주공 아파트에 살던 동갑내기 은미와 함께 서울 서초동의 삼풍백화점이 무너지고 있는 장면을 재난 영화를 보는 심정으로 바라보았다. 창밖이 캄캄해졌다는 걸 뒤늦게 알아채고 나는 은미에게 엄마가 걱정하실까 봐 이제 집에 가야겠다고 말했다. 은미는 내 팔을 붙잡았다. 무섭다고, 자기 혼자 두고 가면 안 된다며 애원했다. 그때 나는 매일매일 은미네 집에서 놀았다. 은미네 집에는 매일매일 은미밖에 없었다. 은미네 엄마는 군인이었다. 동네 아줌마들은 애를 지켜야지 나라를 지킨다며 틈만 나면 은미 엄마 흉을 봤다. 무너진 백화점이 텔레비전 속에서 반복적으로 무너졌다. 밤 9시가 넘었지만 은미네 부모님은 돌아오지 않았다. 다른 날이었다면 이미 샤워를 하고 나와서 엄마가 등과 겨드랑이에 발라주던 베이비파우더 냄새를 품고 이불을 펼 시간이었다. 그날 이후 어린이들 사이에서는 저녁 6시마다 방영하던 어린이 특선 만화가 더 특별해졌다. 삼풍백화점이 5시 52분에 붕괴되었기 때문이다. 어린이 특선 만화를 보기 위해 엄마를 졸라 백화점을 빠져나온 아이들이 결과적으로 온 가족을 구하게 되었다는 이야기가 아이들 사이에서 회자되었다. 어린이는 어린이 만화를 보면 살아남을 수 있다. 가족도 구해낼 수 있다. 그게 그때 우리들이 찾아낸 정답이었다. 다들 6시가 되기 전에 꼬박꼬박 집으로 돌아가 만화를 봤다.

1997년 11월, IMF가 터지고 나서야 피아노 학원과 미술 학원을 그만두고 영어 학습지를 구독하기 시작했다. 당시 나는 내 이름도 영어로 적을 줄 몰랐다. 적어도 내 주변 친구는 모두 그랬다. 우리 동네 초등학생들은 영어를 배우지 않았고 동화책을 많이 읽었다.

중학생이 되면서부터는 친구들과 부모님에 대한 하소연을 나누기 시작했다. 우리는 1980년대에 민주화운동이나 노동운동을 한 아버지들 밑에서 자랐다. 아버지들은 치약을 코 밑에 바르고 뛰어다니던 시절과 주먹을 쥐고 노래를 부르던 시절에 대해 말해주었다. 아버지들은 아이의 방학 숙제를 쉽게 도와줄 수 있을 만큼 지적이었고, 친구가 보는 앞에서 아이에게 고함을 지르지 않을 정도의 체면은 지킬 줄 알았다.

우리 부모님은 스스로를 얼리 어답터라 여겼다. 다섯 살 어린이날 선물로 패미컴 오락기를 사 주었다. 매일 친구들이 집으로 찾아왔다. 오락기 하나로 친구들 사이에서 권력을 누렸다. 아홉 살 때에는 데스크톱이 거실에 있었다. 열두 살 때에는 언니가 쓰던 삐삐를 물려받았다. 또래 중에서 나 혼자 삐삐를 갖고 있었기 때문에 호출을 받지는 못했다. 집 전화로 내가 내 삐삐에 음성 메시지를 남기면서 놀았다. 열세 살 어린이날에는 모터 두 개, 바퀴 수십 개가 담긴 과학상자 6호를 선물받았고 초등학교 졸업 선물로는 휴대폰을 받았다. 나는 문자를 한 달에 5천 통

사용했다. 친구들과 경쟁이 붙었다. 책상 서랍에 휴대폰을 넣고서 같은 교실에 있는 친구와도 문자로 할 말을 주고받았다. 주로 '존나 졸려' 같은 하나 마나 한 말이었다. 주말이면 친구들과 PC방에 몰려가 하두리로 셀카를 찍고 세이클럽에 사진을 업로드했다. 고등학생 때부터는 싸이월드에서 미니홈피를 운영했다. 처음에는 풀밭에서 주운 매미 허물이나 양귀자의 소설 『모순』의 표지를 찍어 올렸다. 그런 사진에는 어떤 댓글도 달리지 않았다. 어떤 친구도 찾아오지 않을 거라면 미니홈피를 운영할 이유가 없었다. 캐리비안베이와 서울랜드에서 찍은 사진, 패밀리 레스토랑에서 체리에이드를 마시며 찍은 사진을 업로드하기 시작했다. 가볍고 경쾌해 보이기 위해 모든 문장 끝에 'ㅋ'을 적었다.

"라즈베리보다 허니버터가 좋다. ㅋ"

파도를 탈 일촌이 늘어났고, 비공개 글로 "사이가 없는 사이란 존재하지 않는다" 같은 문장을 적는 날도 늘어났다. 일촌들과 속마음을 나눌 수는 없었으나, 일촌이 없는 처지는 싫었다. 전학을 오는 아이들도, 대학에 입학하는 아이들도 실제로 만나기 전에 파도타기로 먼저 친구를 만들었다. 온라인에서의 우정은 부박했고 모두가 그 사실을 알고 있었다. 고립감과 소외감보다는 부박한 우정이나마 주고받는 편이 나았을 뿐이었다. 부박한 우정은 쉽게 권력이 될 수 있었으며 미니홈피 운영은 친교보다는 거래에 가까웠다.

나는 어린이 특선 만화를 보고 영단어를 외우고 기꺼이 붉은악마가 되어 '대한민국'을 외치면서 성장기를 지나왔다. 내가 기저귀를 차고 있을 때 대한민국은 88 올림픽을 개최했고, 학교에 다닐 나이가 되자 성수대교와 삼풍백화점은 붕괴됐고 IMF가 터졌고 씨랜드가 불탔다. 황영조가 금메달을 따고 안정환은 골든골을 넣었다. 우리는 반복되는 참사를 목격하고 성장했다. 민주화운동의 성과에 대해서는 배웠으나 그 성과의 주역들이 지금 대한민국 어디에 있는지에 대해서는 무관심했다. 그들은 우리 세대의 아버지들이었다. 아버지들은 더러 자신에게 허락받지 않고 꽃놀이를 다녀왔다는 이유로 아내를 때리는 남자였다. 그들은 사회적으로는 목숨을 걸고 민주화운동을 했지만 집 안에서는 독재자로 군림했다. 우리 세대는 아버지들이 두 겹의 얼굴을 가졌다는 걸 잘 알고 있었다.

'대한민국'은 국위 선양을 한 운동선수가 중심에 있는 용어였다. 우리는 우승자를 향해 함성을 보내며 성장했다. 소위 '국뽕(국가+히로뽕)'의 축제 속에서 내면에 억압된 것들을 의기양양하게 분출한 것이다. 우리는 1등의 서사를 주입받았다. 경쟁에서 살아남기 위한 전략을 온몸으로 익혔다. 초등학교 시절에는 '차별 없고 창의적인 열린 교육'이라는 캠페인 아래에서 항상 교실 꾸밈 노동에 동원됐고, 중학교 시절에는 수준별 학습 제도가 도입되면서 점수별로 학생을 나눠 이동 학습을 하게 됐다. 교육제도는 자주 뒤집어졌다. 수시로 바뀌는 교육제도에 교사들조차 빠르게 적응하지 못했으므로, 우리는 학교 바깥에서 전문가를 찾아야 했다. 자정까지 학원에 있었다.

고교 평준화는 계속되었지만 명문대 합격률이 높은 고등학교는 따로 있었다. 명문고를 중심으로 한 핌피 현상 속에서 그 지역은 부촌으로 떠올랐고 위장 전입이 사회적 문제가 되었다. 중학교 시절 내내 전교 상위권을 유지했던 언니는 담임으로부터 특목고 입학을 제안받았다. 언니가 과외 한번 받지 않고 특목고에 합격했다는 사실을 온 가족이 기뻐했다. 입학 이후, 언니의 내신 성적은 당연히 하위권이었다. 어렸을 때부터 온갖 선행 학습을 받고 해외에 어학연수를 다니면서 자란 아이들과 언니는 경쟁해야 했다. 언니는 외고에서 드문, 부촌이 아닌 지역에서 과외 없이 입학한 학생이라는 정체성을 부여받았다. 비슷한 정체성을 가진 아이들과 친구로 지냈다. 이 선택을 두고 온 가족이 자주 후회했다. 내가 고등학교를 다니던 시절에는 수시 전형이 전면 도입되었다. 교육부는 사교육비 경감을 위해 EBS 강의에서 수능 문제를 내겠다고 공표했다. 학교는 교과서 위주로 진도를 나갔다. 수능은 EBS, 내신은 교과서로 준비해야 했다. 학습해야 할 양이 두 배로 늘어났다. 사교육도 더욱 활발해져 내신 관리 학원과 수능 준비 학원이 따로 생겨났다. 내신 성적은 전교 상위권이지만 모의고사 성적은 바닥인 아이들 그리고 그 반대인 아이들이 속출했다. 양쪽을 동시에 성공적으로 해내는 아이들은 극소수에 불과했으므로, 입시 전략을 세워주는 입시 컨설턴트들이 등장하기 시작했다.

아이러니하게도, 외고에서 언니가 가장 잘하는 과목은 국어였다. 언니는 국어 교사가 되기 위해 국립 사범대학을 목표로 삼았다. 이즈음부터 우리 가족 전원은 우리의 경제적 위치에 눈을 떴다. 다 함께 뼈아프게 후회했다. 사범대학은 내신 점수 반영 비율이 높았다. 내신이 형편없으면 불가능한 도전이었다. 특목고에 입학한 것이 오히려 독이 되었다. 특목고는 공부를 잘하는 학생이 가는 곳이 아니라 집안이 좋은 학생이 갈 수 있는 곳이었다.

대학에 입학했을 때 우리를 기다린 건 지독한 취업난과 학자금 대출이었다. 몇몇 국립대를 제외한 대부분의 대학들은 기업화되어 있었다. 대학생 신분을 이용해서 과외 아르바이트를 한 가지 정도 하면서 성실하게 살면 자기 등록금은 충분히 충당할 수 있다는 386세대의 조언은 거짓말이 되어버렸다. 우리는 학교라는 기업에 합격함과 동시에 빚을 졌고 졸업 이후에 그 빚을 갚아가는 것이 이십대의 남은 날들로 예약되어 있었다. 우리는 대졸자가 되기 위해 우선 채무자가 되어야 했다. 기성세대는 우리를 'N포세대'라고 명명하기 시작했다. 싸이월드 시절보다 더욱 진화된 자기 포장술을 익히며 끝없이 자기소개서를 썼다. 우리는 우리가 누구인지 알 필요가 없었다. 나의 어떤 면을 숨기고 어떤 면을 부각하느냐에 미래가 달려 있었다. 우리는 스펙을 쌓았다. 루저, 흙수저, 금수저, 88만원세대…… 이런 프레임 속에 우리는 자의로 혹은 타의로 걸어 들어갔다.

우리는 명료한 세대였다. 진정성, 진실, 민주적. 이런 말들을 입에 달고 살면서도 가정 안에서는 이런 말들과 전혀 어울리지 않는 모습을 보인 아버지들에게 일찌감치 신물이 났기 때문에, 우리는 다른 방식을 선호했다. 우리에게는 무엇보다 타인에 대한 예의가 중요했다. 타인과의 거리를 지켰다. 그것은 우리가 타인으로부터 예의를 요구하고 싶고, 적정 거리를 보장받고 싶은 욕망에서 비롯되었다.

그리고 세월호가 침몰했다. 그 배에 타고 있던 학생들은 가만히 있으라는 말을 믿었다. 예의 바르고 침착하게 자신의 자리를 지키기 위해 애쓰다 희생됐다. 그리고 강남역 살인 사건이 일어났고 미투운동이 이어졌다. 우리는 점점 우리가 누구인가를 알아챌 수 있었고 자신을 지키는 방법 또한 찾기 시작했다. 비혼과 비출산도 이 맥락에 있다. 가부장제에 포섭되고 싶지 않은 마음과 스스로를 지키려는 마음. 밀레니얼세대가 개인주의 성향을 띤다는 점 때문에 이기적인 세대의 도래로 자주 오인되고 있지만, 우리는 한 명 한 명의 개인을 우선 지키고 싶을 따름이다. 우리는 집단의식이 아닌 연대 의식을 중요히 여긴다. 개인이 존중되기 때문이다.

비단처럼 부드러운 그 무엇인가가

 꿈속으로 매일매일 노래가 파고들었다. 그때 나는 열한 살이었다. 어떤 꿈을 꾸었는지는 다 잊어버렸지만, 매일 같은 노래가 꿈을 비집고 들어와 괴로웠던 기억은 선명하다. 언니 때문이었다. 중학교에 입학하여 나보다 한 시간 남짓 일찍 등교 준비를 했던 언니는, 일어나자마자 카세트의 재생 버튼부터 눌렀다. 볼륨을 MAX로 설정해둔 채로. 언니는 Club H.O.T.의 대전 지역 핵심 멤버였다.
 저녁이면 언니는 팬클럽 공지 사항에 떠 있는 광고 스케줄을 확인했다. 공테이프를 비디오에 넣고 텔레비전 광고 시간에 맞춰 녹화를 준비했다. 밤이면 H.O.T.의 멤버가 진행하는 라디오 프로그램을 들었다. 왼쪽 카세트에는 DJ의 멘트를 녹음했고, 오른쪽 카세트에는 DJ가 소개한 노래를 녹음했다. 가끔은 이 일에 나를 동참시켰다. 잠시 자리를 비운 언니 대신 나는 라디오에 귀를 기울였다. 노래가 시작되고 끝나는 타이밍에 맞춰 양쪽 카세트의 녹음 버튼과 정지 버튼을 번갈아가며 눌렀다. 멘트가 잘리지 않고 광고 소리가 끼어들지 않은 깔끔한 녹음에 성공하면 언니는 엄지를 추켜세우며 최고라고 말했다. 언니는 종종 방바닥에 쪼그려 앉아 그동안 모아온 팬 아트나 앨범 재킷 같은 것들을 내게 보여주곤 했다. 지문이 찍히지 않도록 소중하게 한 장 한 장을 넘겼다. 내가 보기에 그 사진들은 영화 「가위손」에 나오는 에드워드 시저핸즈를 모방한 것 같았지만, 언니에게 내 생각을 말하지는 않았다. 언니가 소중하게 모아온 것을 내게 보여준다는 사실이 좋아 연신 감탄을 하고 멋지다고 말했다. 좋아하지도 않으면서 좋아하는 멤버를 거짓으로 골라 말하기도 했다. 언니의 세계에 소속감을 느끼는 게 좋았지만, 언니처럼 노래를 들으며 눈물을 흘릴 수는 없었다.

매일 신물이 나도록 들었지만 나는 그 노래의 가사를 알지 못한다. 언니는 내가 음치여서 가사도 잘 못 듣는 것 같다고 여겼지만, 그 때문만은 아니었다. H.O.T.가 「전사의 후예(폭력시대)」를 부르며 나타나기 전까지만 해도, 나는 방과 후 시간을 온전히 언니와 함께 보냈다. 내가 학습지를 잘 풀고 있는지 감독하고, 모르는 문제가 있으면 가르쳐주고, 함께 텔레비전 애니메이션을 보거나 보드게임 따위를 했다.

열다섯 살 때였다. 쉬는 시간에 같은 반 아이가 내 책상에 쪽지를 내려놓았다. 교과서 귀퉁이를 찢은 것이었는데, 깨알같이 작은 글씨로 웹 주소만 적혀 있었다. 한 번도 대화를 나눠본 적 없는 애였다. 집에 돌아와 인터넷 창을 켜고 주소를 적었다. 엔터를 치자 보라색 바탕화면 위로 새빨간 폰트가 모니터에 펼쳐졌다. 하이텔과 천리안의 새파란 화면을 벗어난 지 겨우 2년 남짓 지난 때였다. 말끔한 디자인의 포털에 겨우 익숙해진 시기였고, 네이버 블로그와 싸이월드 서비스가 시작되기 2년 전이었다. 메뉴 버튼이 어디에 있는지 알아내는 데만 시간이 꽤 걸렸다. 그 아이가 직접 만든 홈페이지라는 것도 한참 뒤에야 알았다. 홈페이지는 자기 고백으로 가득했다. 특별한 사연이 있는 건 아니었다. 하나도 재밌지 않은데 아이들이 웃을 때마다 따라 웃게 된다거나, 빈 가방이 가끔은 자기 몸무게보다 무겁게 느껴진다거나. 마치 나의 하루하루를 그 애가 옮겨 적은 것 같았다.

학년이 바뀌면서 반도 바뀌었다. 그 아이와 학교에서는 여전히 한 마디도 나누지 않았지만 나는 홈페이지에 계속 접속했고 그 아이의 다음 게시물이 올라오길 기다렸다. 그 홈페이지가 나의 비밀 아지트처럼 느껴졌다. 어느 날부턴가 홈페이지에서 BGM이 흘러나오기 시작했다. 이아립의 「누구도 일러주지 않았네(소희 Theme)」였다.

그 아이와는 졸업한 이후로 만난 적이 없다. 그때 처음으로 나도 언니처럼 좋아하는 노래가 생겼다. 시내에 있는 '신나라레코드'를 찾아갔지만, 내가 찾는 앨범은 없었다. 인터넷 서점에서 앨범을 구매했다. 집으로 가져오지는 않았고 소니 시디플레이어와 함께 사물함에 넣어두고 학교에서만 들었다. 가끔 무슨 음악을 듣느냐고 묻는 아이들이 있었지만 말해주지 않았다. 그러면서도 나와 이야기가 통할 것 같은 아이, 내가 듣는 노래를 자기 이야기처럼 들을 것 같은 아이한테는 무작정 가서 내 앨범 재킷을 내밀었다. 예전에 그 아이가 내 책상 위로 무작정 쪽지를 내밀었던 것처럼. 어떤 이야기는 남의 이야기지만 내 이야기처럼 들리고, 어떤 노래는 남의 목소리지만 타인과 나누고 싶어진다는 걸 알게 되었다. 푸른 바다와 버스 정류장과 아저씨의 뒷모습이 있는 루시드폴의 앨범 『버스, 정류장 OST』를 좋아해준 친구는 안타깝게도 한 명도 없었다. 앨범을 돌려주며 친구는 고개를 갸우뚱했다. 노래가 어땠느냐고 물으면, "이상한데?"라고 답했다. 자장가 같다고도 했다. 우리 반에서 인디 음악을 듣는 사람은 나뿐이었다. 나는 그 소외감을 홀로 즐겼다. 이아립의 노래를 듣고 또 들었다. 이아립과 루시드폴을 시작으로 인디 뮤지션들의 앨범을 사 모으기 시작했다.

그리고 프랑수아즈 사강이 열여덟 살에 썼다는 소설을 읽었다. 내 또래였던 사강의 외로움에 공감했던 것에서 시작했으나, 2주 만에 이 소설을 집필했다는 사강의 재능을 부러워하면서 나는 소설에 매료됐다. 책날개에는 유명한 베스트셀러라고 적혀 있었지만, 그 책을 읽는 사람은 나밖에 없는 것 같았다. 사강의 책을 읽고 수많은 사람이

나와 흡사한 감정을 느꼈다는 건 아주 나중에야 알았다. 홍대에서는 이아립이 누구나 알 만한, 유명한 인디 가수라는 사실을 알게 되었을 즈음이었다. 사강의 책은 여전히 내 책장에 꽂혀 있다. 오랜만에 책을 꺼내 판권면을 펼쳐 보았다. 1991년 9월 3일 소담출판사에서 발행된 것으로, 4,000원의 정가가 매겨져 있다.

친구의 홈페이지는 어느 날 폐쇄되었다. H.O.T.는 해체했다. 내 플레이리스트에는 여전히 이아립의 「누구도 일러주지 않았네」가 들어 있다. 지금도 가끔 언니와 어린 시절에 대해 이야기를 나눈다. 언니는 그때마다 H.O.T. 이야기를 한다. 순수한 첫사랑이었다고 한다. 모든 용돈과 시간과 열정을 쏟아서 오직 좋아하기만 했다고. 그 목소리를 계속 듣고 그 모습을 계속 보기만을 원했다고. 그렇게 순수하게 마음을 다하는 사랑을 다시 또 할 수 있겠느냐고.

그 말을 할 때 언니의 표정에서는 자신의 어린 날을 옹호하는 다부짐이 읽힌다.

첩의 손녀

 아홉 살 때였을 것이다. "할머니가 싫으니?" 내 손을 꼭 쥐고 아빠가 물어보았다. 머뭇거리면서 한참 눈치를 보다가, "응" 하고 대답했다. 아빠는 침울한 눈빛을 한 채 서 있었다. 아빠의 표정 때문에 해서는 안 될 말을 한 기분이 들어, 이불에 오줌을 눈 것만큼이나 부끄러워졌다. 며칠이 지나 엄마가 나를 불렀다. 그렇게 대답하면 아빠가 얼마나 슬플지 생각해보았느냐고 했다. 할머니를 좋아한다고 아빠에게 다시 말하라고, 부드럽게 타일렀다. 나는 고개를 끄덕였지만, 엄마 말을 듣지 않았다. 할머니와 아빠를 피해 다녔다. 거짓말을 하고 싶지 않았다.

 사촌 오빠가 온다는 소식이 있을 때만 할머니는 방에서 나와 머리를 감으러 욕실에 들어갔다. 참빗으로 머리를 빗고, 은비녀로 머리를 틀어 올렸다. 속바지 주머니에서 빳빳한 만 원권 한 장을 꺼내 두 번 접은 뒤 랩으로 꽁꽁 쌌다. 광에서 다식판을 꺼내 오색 다식을 만들었다. 만들다가 부서진 다식 조각들은 언니와 나에게 주었다. 예쁜 문양이 새겨진 다식은 접시에 담아 사촌 오빠에게 주었다. 나는 다식이 얄미웠다. "엄마한테 남동생 낳아달라고 해"라는 말을 하면서 내 손에 쥐여 주던 5백원짜리 동전도 얄미웠다.

명절은 별로였다. 차례를 지낼 때면 방에 들어가 나오지 말라는 말이 별로였다. 남자들만 큰상에 둘러앉아 갈비찜을 독차지하는 것도 별로였다. 엄마와 함께 주방에 웅크려 앉아 '스뎅 양푼'에 담긴 잡채를 먹는 것도 별로였다. 남자들만 일렬로 서서 세배를 하고 세뱃돈을 받아가는 것도 별로였다. 언니와 나는 설날에 세배를 한 적도 없고, 세뱃돈을 받은 적도 없다. 아무도 우리에게 세배를 받지 않았다. 명절을 쇠고 학교로 돌아가면 친구들의 세뱃돈 자랑에 주눅이 들었다.

할머니가 첩이기 때문에 그랬다는 사실을 스무 살이 넘어서야 알았다. 첩의 손녀는 차례상에 절을 할 수도, 본가 사람들과 섞여 세배를 할 수도 없다는 것을 알았다. 할머니의 유일한 손자였던 사촌 오빠만이 본가 남자들과 겸상을 할 수 있고 첩이었던 할머니의 유일한 자존심이었다는 것을 알았다. 할머니는 가끔 나를 빤히 바라보았다. "누구세요?" 할머니는 가끔 나를 알아보지 못했다. 내가 나라는 사실을 말하면, 할머니는 내게 사촌 오빠는 언제 오느냐고 닦달했다.

할머니의 장례식에서 친척들과 재회했다. 결혼 이후 후덕하게 살이 오른 사촌 오빠, 어느새 할머니의 얼굴을 닮아 있는 고모들, 나와 몇 촌 사이인지 누구도 똑 부러지게 설명해주지 않았던 본가 친척들과 차례차례 인사를 했다. 큰할머니는 머리 크더니 명절 때 한 번을 안 오느냐며, 내게 못된 년이라고 했다.

할머니의 영정 앞에서 나는 눈물이 나지 않았다. 나는 할머니를 사랑하지 않았다. 할머니도 나를 사랑하지 않았다. 사실이었다. 사실인 채로 끝나버린 사실이다. 끝나버린다는 것은 영원히 그 자리에 그대로 남아 있게 된다는 것이다. 할머니와 나는 감정에 너무 솔직했다. 진심을 함부로 배설하는 태도가 우리의 가능성을 차단했다. 할머니와 내가 조금만 노력했더라면, 사실 바깥으로 손을 뻗으려 애썼더라면, 그랬더라면, 더 좋았을 텐데. 나는 어울릴 사람이 없어 장례식장에 온 네 살짜리 오촌 조카와 놀았다. 아이의 가방에 들어 있던 어린이집 일지에 '아이가 장례식에 가기 싫다고 합니다'라고 적혀 있는 것을 읽었다.

3부
위하는 일

나누지 못했을 이야기

 창밖이 검다. 방의 LED 등이 창에 비치고 있다. 여자는 석 달 전에 지윤에게 전송했던 메일을 떠올린다. 그때 여자는 며칠째 불 꺼진 방에 앉아 있었다. LED 등이 나가버렸는데, 도무지 뭐가 문제인지 모르겠다고 적었다. 컨버터를 주문해놓았다고, 등을 잘 고친다면 다시 밝은 방에서 작업할 수 있을 거라고, 하지만 고치지 못할 수도 있다고 적었다. 그리고 여자는 두 손을 키보드에 올린 채 한동안 창문을 바라보았다.

 여자에게 지윤은 창문을 닮은 존재였다. 지윤에게 메일을 쓸 때마다 이렇게 두 손을 키보드에 올려둔 채 창문을 바라보았다. 하루 중 가장 오래 창밖을 응시하는 시간이라 해도 과언이 아니었다. 모르고 있었는데 행인들이 반소매 티셔츠를 입기 시작했다거나, 모르고 있었는데 해가 짧아졌다거나, 모르고 있었는데 새로 설치된 가로등의 불빛 속에서 첫눈이 내리고 있었다는 걸 여자는 그 시간 덕분에 알아챘다.

일렁이는 두께

 지금은 먼 곳에서 자동차의 전조등 불빛들만 이동하고 있다. 네모난 창문 몇 개가 불이 켜진 채 어둠 속에 떠 있다. 창문 하나의 불이 꺼지자 창문 하나가 사라진다. 불이 꺼진 창문들은 보이지 않는다. 어둠이 품고 있는 수많은 창문을 보려고 여자는 눈을 가늘게 뜬다. 종이를 한 장 한 장 새까맣게 칠하고 있다던 지윤의 말을 떠올린다. 칠해 나가고 있는 건지 지워나가고 있는 건지 모르겠다고 지윤은 말했었다. 반복할수록 물이 들어오는 모래 위에 서 있는 기분이 든다고도 말했었다. 밀물이 와 닿는 것처럼 정말로 발바닥이 간지럽다고.

 여자는 고개를 옆으로 숙여 자신의 발을 내려다본다. 발가락 사이로 검은 밀물이 차오르기 시작한다. 검은 종이들이 물결친다. 검은 창문 하나가 열리고 있다.

 그때는 겨울이었다. 서쪽의 한적한 해변이었다. 여자는 해변의 작은 콘도에서 장기 숙박을 하고 있었다. 네모난 방에는 네모난 창문 하나와 네모난 침구 한 세트가 있었다. 그 방만큼이나 창밖 풍경도 단출했다. 다만 새벽마다 물소리가 여자를 흔들어 깨웠다. 여자는 자리에서 일어나 창문 앞으로 걸어갔다. 물이 철썩거리며 매섭게 밀려오는 소리는 오직 새벽에만 여자의 방을 채웠다. 그 소리를 듣다 보면 여자의 방에도 물이 차오르는 것만 같았다. 정말로 몸이 물에 잠겨가는 것만 같았다. 물이 얼마나 많이 차올랐는지 여자는 보고 싶었지만, 창밖은 새까맸다. 어디까지가 어둠이고 어디까지가 바다인지 구분되지 않았다. 여자의 방처럼 그랬다. 아무것도 보이지 않는 그 방에서 보이지 않는 것을 보고 있던 그 시간을 여자는 좋아했다.

자국의 흔적

아침에 일어나 보면 물은 저만치 빠져 있었다. 파도도 멈춰 있었다. 네모난 창문으로 햇빛이 쏟아졌다. 창문에는 말라붙은 빗줄기와 누군가의 손자국 들이 뒤엉켜 있었다. 새벽 내내 창문에 부딪치던 파도 소리의 자국 같다고 여자는 생각했다. 그 자국들은 방바닥에도 그 모습 그대로 희미한 그림자로 맺혀 있었다. 여자는 이불을 차곡차곡 갰다. 걸레를 빨아 방바닥을 훔치기 시작했다. 자신의 머리카락을 치워나갔다. 걸레가 지나간 자리에 물 자국이 남기도 했다. 가끔은 창문에 맺힌 빗줄기와 손자국이 만든 그림자를 바닥의 얼룩으로 오해했다.

물잡이

여자는 딱 한 번 그 방의 창문을 닦은 적이 있다. 이 콘도가 영업을 시작한 이후로 창문을 닦은 손님은 자신이 처음일 거라고 생각했다. 자신의 방을 닦던 걸레로 창문을 한번 닦은 후, 자신이 입던 옷으로 다시 한번 닦았다. 창문을 열고 상체를 창 바깥으로 내밀었다. 아무리 손을 뻗어도 창밖 구석까지 닦아낼 수는 없을 듯했다. 여자는 창문 안에 작은 창문을 새로 지정하기로 했다. 손이 닿는 범위 안에서만 네모를 그려가며 창문의 바깥을 닦아냈다. 여자의 방에 파란 하늘로 가득 찬 창문이 생겼다. 파란 수조처럼 보였다. 전시 기간 내내 물갈이를 할 거라던 지윤의 말을 여자는 떠올린다. 파란 창문 하나가 열리고 있다.

그때 여자의 방에는 수조가 있었다. 수조에는 파란 물고기 한 마리가 살았다. 물고기 한 마리가 수조 전체를 파랗게 보이게끔 만든다는 사실을 여자는 그때 처음 알았다. 어느 날부턴가 물고기는 물속에 서 있기 시작했다. 창문 앞에 서 있는 사람처럼, 자갈에 꼬리를 댄 채 수조 벽 앞에 꼿꼿하게 서서 바깥을 바라보았다. 먹이를 주면 잠시 수면 위로 올라왔다가 그 자세로 돌아갔다. 그렇게 6개월 넘게 서 있다가 물고기는 죽었다. 빈 수조는 여자의 방에 남았다. 여과기를 24시간 틀어두었다. 주기적으로 물갈이를 했다. 투명한 물은 물갈이를 해도 투명한 물로 보일 뿐이었지만, **아무것도 보이지 않는다고 해서 아무것도 없는 것은 아니라**는 사실을 여자는 알고 있었다. 무언가가 계속 살아갈 수 있는 공간으로 수조가 남기를 바랐다. 무언가가 계속 살아갈 수 있는 공간으로 이 공간이 변해가기를 기다렸다.

부유물

여자는 지윤과 공유한 창문을 차례대로 열어본다. 어떤 창문을 열면 새장이 있다. 앵무새 한 마리가 앉아 있다. 찌그러진 노란 고무줄처럼, 으— 하는 입 모양을 하고서 여자를 쳐다보고 있다. 앵무새는 사람만큼 오래 산다더라고 지윤은 말했었다. 죽은 동물들에 대한 이야기를 하던 중이었다. 어떤 창문을 열면 쿠바의 뙤약볕이 쏟아진다. 그 뙤약볕 아래를 지윤이 걷고 있다. 콧수염이 난 사람처럼 그을린 인중을 가리키며 지윤은 웃고 있다. 어떤 창문을 열면 인공위성이 떠 있다. 같은 궤도를 하염없이 돌고 있다. 수명을 다한 인공위성 하나가 궤도를 이탈하기 시작한다. 지구에 가까워지기 시작한다. 바다 한가운데로 천천히 떨어지고 있다. 심해로 심해로 가라앉고 있다. 어떤 창문을 열면 두 손바닥을 하늘로 향한 채 여자가 서 있다. 한쪽 손에는 햇빛이 떨어지고 한쪽 손에는 비가 떨어지고 있다. "비에도 경계가 있을까요?" 옆에서 지윤이 묻는다.

여자는 지윤과 어떻게 지내는 사이냐는 질문을 받은 적이 있다. 어떻게 지내는 사이일까, 여자는 생각했다. 지윤이 몇 살인지, 어떤 친구들과 어울리는지, 어떤 목소리로 웃는지, 여자는 아는 것이 없었다. 지윤과 여자는 대부분의 소통을 메일로 해왔다. 아무것도 먹고 싶지 않은데도 무언가 먹고 싶은 기분이 드는 밤이 있다거나, 쑥갓을 잘 먹는 개를 본 적이 있다거나, 우주에서의 정신 변화를 연구하기 위해 남극을 찾는 연구자들이 있다고 들었다거나 하는 식의 대화를 나누어왔다. 그 대화에는 인과관계나 흐름, 목적 같은 것이 없었다. 파편이나 잔상에 더 가까웠다. 그들의 대화를 형상화한다면 어떤 모양일까. 사람과 사람 사이의 공간을 캐스팅하고 있다던 지윤의 말을 여자는 떠올린다. 맞잡은 손과 손 사이의 공간 같은 것들. 빈 형틀 속에 뜨거운 쇳물을 붓는 것처럼 몸과 몸 사이의 공간을 형틀 삼아 캐스팅하면 그 모양을 전혀 추측할 수 없어진다고 했다. 말 그대로 이상한 모양이 되어버린다고. 그걸 보면 기분도 무척 이상해진다고. 지윤과 여자는 가끔 서로에게 메일을 쓰면서도 혼잣말을 하고 있다는 생각에 사로잡혔다. 자신이 보낸 메일을 다시 읽어볼 때에 특히 그랬다. 그들의 대화는 분명 이어지고 있었는데도, 메일만 읽어보면 중간이 찢긴 공책처럼 그 맥락을 종잡을 수가 없었다. 자신의 메일을 읽을 상대방에게 왠지 미안해졌다. 이상한 메일을 보낸 것에 대해 그들은 번갈아가며 서로에게 사과를 했다. 혼잣말을 주고받는 동안에는 혼자가 아니므로, 결코 혼잣말이 아니라는 데에 결국은 둘 다 동의했다.

가장 먼 곳으로부터 II

여자는 이제 전시장에 도착한다. 유리문을 열고 들어

간다. 천장에는 두 대의 프로젝터가 설치되어 있다. 각각의 프로젝터 앞에는 버티컬이 설치되어 있다. 버티컬 사이사이를 통과한 영상이 벽에 맺혀 하나의 영상을 만들어낸다. 밀물과 썰물의 영상이 교차한다. 전시를 하는 일곱 시간 동안 단 한 순간만 맞아떨어진다고 지윤은 말했었다. 여자는 두 대의 프로젝터 사이로 걸어간다. 양쪽에 비치는 영상 때문에, 여자의 그림자는 두 개로 맺힌다. 한쪽 그림자는 밀물 속에 있다. 다른 한쪽 그림자는 썰물 속에 있다. 여자는 두 손을 조금씩 올려본다. 밀물 속 그림자와 썰물 속 그림자가 손을 맞잡기 시작한다.

어제의 지금(지금의 내일)

집에 돌아온 다음 날 여자는 지윤에게서 연락을 받는다. 어제 전시장에 왔었느냐고 지윤은 묻는다. 지윤은 오늘 전시장에 갔었다고 말한다. 지윤과 여자는 서로 얼굴을 보지 못한 지 3년이 다 되어간다. 하루 차이로 마주치지 못한 것에 지윤과 여자는 아쉬움을 표한다. 괜히 서로 반려동물 사진을 보내주기로 한다. 그래서 지윤과 여자는 처음으로 서로의 반려동물 이름을 물어본다. 지윤의 반려동물 이름은 세실이라고 한다. 세실이를 부르다 보면 아이폰의 시리가 자꾸 대신 답한다고 한다. 그들이 같은 날에 전시장을 찾아갔더라면, 그래서 마주쳤더라면 나누지 못했을 이야기이다.

• 미술작가 강지윤의 전시 〈After Image〉를 보고 썼다. 각 소제목은 강지윤의 작품 제목에서 빌려 왔으며, 볼드로 된 부분은 강지윤이 보낸 메일에서 발췌했다.

나눠본 적 없는 대화는 어떻게 나눌 수 있을까*

 박채영 작가에게 메일을 보내보았다. 답장이 왔다. 나의 소설 「초파리 돌보기」를 읽었다고 했다. 질병을 갖고 있던 인물이 완치를 하고 행복한 결말을 맞이하는 그 소설을 읽고, 박채영 작가는 궁금증이 생겼다고 했다. "작가님에게 '해피엔딩'은 무엇일지" 내게 물었다. '질병 서사에서 해피엔딩이란 완치인 것인가'라는 질문이 그에게 항상 유효하다고도 했다. 그가 치유라는 개념에 저항하는 중이라는 사실은 그의 책을 통해 이미 알고 있었다. 충분히 고개를 끄덕일 수 있었지만, 그가 나에게 대답을 원할 때 문제는 달라진다. 섭식장애의 치사율이 높다는 사실이 가장 먼저 떠올랐다. 어느 쪽으로도 대답이 쉽게 나오지 않았다.

 '질병'이라는 단어를 들을 때 내가 가장 자주 떠올리는 책은 수전 손택의 『은유로서의 질병』이다. 질병 관련으로 내가 처음 접한 책이기 때문이다. "질병은 질병이며, 치료해야 할 그 무엇일 뿐이다"라는 문장을 비롯하여, 수전 손

---

* 박채영, 『이것도 제 삶입니다』(오월의 봄, 2023)를 읽고 썼다.

택이 유방암 4기 진단을 받았다는 것, 폐암으로 어머니를 잃고 에이즈로 친구들을 잃었다는 것, 이후에 다시 자궁암에 걸렸다는 내용이 모두 같은 페이지에 적혀 있다. "질병에 들러붙어" 있는 온갖 "은유"*를 수전 손택은 파헤친다. 질병은 그저 치료하면 되는 것이지, 하면서. 그러나 시간이 지나며 나는 '치료'라는 단어를 전혀 다르게 해석하는 책들을 만났다.

최근에는 일라이 클레어의 『눈부시게 불완전한』을 읽었다. 일라이 클레어는 "치유와의 싸움에 온 것을 환영한다"라는 문장으로 책의 1장을 연다. '치유'라는 단어가 어떤 상태를 정상으로 상정하고 그로 인해 어떤 상태를 비정상으로 만들어내는지, 어떻게 의료 시스템과 협작하여 비장애 중심주의를 공고하게 구축해왔는지 밝혀내는 문장을 읽으며 나는 계속 수전 손택을 생각했다. 장애로 인해 치유라는 폭력에 평생 시달려온 일라이 클레어에게 수전 손택이 여전히 완치의 중요성을 말할 수 있을까? 반대로, 유방암 4기 판정을 받은 수전 손택에게 일라이 클레어가 치유의 허상에 대해 말할 수 있을까?

내가 가장 좋아하는 장면은 일라이 클레어가 주춤거리는 장면이다.

* 수전 손택, 『은유로서의 질병』, 이재원 옮김, 이후, 2002, p. 1.

활동가이자 작가로서 일하던 어느 날, 나는 연단에 서서 또다시 크리스토퍼 리브 이야기로 열을 올리며 장애와 치유에 관한 거짓말을 낱낱이 밝히던 중이었다. 문득 강연장 뒤에 내 친구 P가 서 있는 것을 보았다. 암을 겪고 살아남은 그녀의 이야기가, 수술이며 화학요법, 방사선치료, 그녀가 경험한 죽을 고비 등의 이야기가 번개같이 나를 스친다. 갑자기 내 말들이 텅 빈 수사에 다름아닌 것처럼 느껴진다. 나는 치유가 그녀에게 무엇을 의미하는지 알지 못한다.

잠시 후, 저녁 식사 자리에서 그녀를 포함한 대여섯 명의 사람들과 이야기를 이어나간다. 나는 어쩔 줄을 모른다. 아무런 준비도 되어 있지 않은 채로 불안에 휩싸여 있다.**

나는 일라이 클레어가 "알지 못한다"라고 말하는 순간을 좋아한다. 일라이 클레어가 친구 P와 다른 입장일 수도 있다는 것을 깨닫는 순간, 일라이 클레어는 어쩔 줄을 모르겠다며 불안에 휩싸인다. 그 불안의 근거에는 타인이

** 일라이 클레어, 『눈부시게 불완전한』, 하은빈 옮김, 동아시아, 2023, p. 39~40.

있다. 타인에 의해 수정되고 재정의되는 세계가 있다.

†

질병과 질병이 아닌 것, 장애와 장애가 아닌 것의 경계를 명확히 나눌 수는 없다. 그런 시도가 적합하지도 않을 것이다. 그러나 내게 섭식장애는 수전 손택이 말하는 질병과 일라이 클레어가 말하는 장애, 그 양쪽에 동시에 맞닿아 있으면서도 조금은 다른 결로 다가온다. 섭식장애는 음식을 거부하겠다는 의지와 그에서 비롯하는 적극적인 수행성이 필요하기 때문이다. "'그만 먹을래'라는 쉽고 단순한 말은 내게 작은 성취를 불러일으켰다. 나도 주어진 것을 거부할 수 있다는 발견. 나도 타인의 요구를 거절할 수 있다는 깨달음. 꽉 막힌 마음에 작은 숨구멍이 생긴 것 같았다"(p. 27) "내가 좌지우지할 수 없는 사람들의 말이나 기준보다는 통제할 수 있고 변하지 않는 것을 선택하고 싶었다"(p. 36)라고 박채영 작가는 『이것도 제 삶입니다』에서 말한다.

일정 기간 동안 단식을 하거나 적은 양의 음식만 섭취하며 지내본 적이 있다. 하지만 나는 그때의 내가 질병에 걸렸다고 생각하지 않았는데, 당시 '수행' 같은 단어를 곱씹고 있었기 때문이다. 종교적인 이유로 혹은 자신의 신념을 관철하기 위해 단식을 감행하는 사람들이 있다. 그

때 중요시되는 것은 단연 의지이다. 치명적인 결과를 낳는다 하더라도, 의지가 관여하는 행위는 통상적으로 '질병'이라 명하지 않는다. 자살의 경우도 그러하다. 질병으로 인해 자살하게 되는 경우도 있지만, 자살 자체가 질병은 아니다. 스스로의 선택을 존중해야만 한다는 사회적 합의 때문일 것이다. 마약처럼 중독과 관련된 것들은 수행성이 필요하더라도 질병으로 분류되지만, 섭식장애는 남용이나 무절제 상태가 아니라 극도의 절제와 통제라는 면에서 중독과는 분명 다른 지점이 있다. 섭식장애는 단식투쟁 혹은 종교인의 수행과 무엇이 다른 걸까?

 섭식장애는 질병이 아니라고, 단식투쟁이나 종교인의 수행 혹은 자살처럼 의지나 선택으로 받아들여져야 한다고 주장하려는 것은 아니다. 섭식장애에서 개인의 의지와 선택만을 강조할 때 누락되는 진실이 있는 것처럼, 섭식장애에서 질병적인 특성만을 강조할 때에도 누락되는 진실이 있다. 어떤 이야기들은 이야기되어본 적 없다는 이유만으로 계속 이야기되지 못한다. 섭식장애는 그 안에 깃들어 있는 저항에 대한 의지보다 증상이나 신체의 변화가 강조되곤 한다. 음식을 먹고 구토를 하는 행위나 뼈가 보일 정도로 말랐다는 묘사에 시선이 집중되는 것이다. 그러나 섭식장애가 외모 지상주의와 관련되어 얘기될 때만큼은 한 사람의 선택이라는 뉘앙스가 강조되는 현상을 보인다. 연예인의 다이어트를 따라 하거나 '뼈말라족'을 선망한 결과라는 식으로 말이다.

박채영 작가는 섭식장애를 치료하기 위해 입원한 P 병원에서의 기억을 이렇게 서술한다. "내가 나를 지키고자 만들었던 규칙과 원칙들은 모두 병의 증상이 되었고"(p. 44) "의사의 권위로 내게서 소중한 것을 빼앗을 수 있다는 데 화가" 났으며, "치료에 회의감과 배신감을" 느꼈다고. 섭식장애는 몸으로 표현하는 언어이다. 섭식장애는 증상 자체로 하나의 호소이다. 호소하는 자에게 가장 필요한 것은 호소를 듣는 귀일 것이다. 박채영 작가의 "배신감"(p. 48)은 치료라는 방식이 오히려 자신의 호소를 묵살했다는 데에서 오는 것일 터이다. 작가가 거부하려는 것은 치료 자체라기보다는 치료받는 자와 치료하는 자 사이에 설정된 위계일 것이다. "치료의 주도권을 환자가 쥘 수 있어야 한다"(p. 239)라고 작가는 주장한다.

질병 서사에서 돌봄이란 치료의 위계와도 밀접한 관계를 맺는다. 돌봄 노동을 수행하는 자는 치료자의 역할도 대리하고 있을 확률이 높다. 이때 돌봄받는 자에게는 두 가지 굴레가 쉽게 씌워질 수 있다. 첫번째는 '돌봄받는 자'라는 사실 자체에 대한 굴레다. 동서를 막론하고 타인을 지배하고자 하는 자들은 그 대상에게 돌봄이나 관리가 필요한 존재라는 프레임을 씌워왔다. 그로 인해 생성된 돌봄받는 자에 대한 사회적 낙인은 여전히 유효하다. 두번째는 '치료가 필요한 자'에 대한 굴레다. 1960년대까지도 "조현병으로 진단받은 어린이"는 치료를 받아야 한다는 명목하에 "치료시설에서 가장 치료하기 어려운 성인 환자에게 사용하는 강력한 약물, 최후의 수단, 실험적 치료들을"* 받았다. 전쟁 트라우마에 시달리는 군인들도 같은 이유로 "잔혹하기까지 한 극단적인 진단법과 치료법"**에 시달렸다. 장애인들의 "무급 노동은 아동 노동 착취가 아니라 일종의 치료가 되었다".*** "흑인의 저항"은 "질병"으로 취급되었으며, "백인의 권력과 통제"가 "치유"****로 규정되기도 했다. 치료는 오랫동안 억압과 비가시화, 심지어 '박멸'에 이바지한 면이 있고, '치료가 필요한 자'라는 명명 또한 종종 그 굴레를 작동시킨다. 어려운 것은, 환자와 의사 혹은 국가와 개인간의 관계와는 다르게 돌봄 관계에는 희생과 애정이 개입해 있다는 것이다. 돌봄받는 자와 돌보는 자 사이에 위계가 있는 것처럼, 돌보는 자와 돌보지 않아도 되는 자 사이에도 위계가 있다. 돌봄받는 자는 이 사실까지도 분명 느끼고 있다. 이런 상황에서 환자가 치료에 대한 주도권을 쥐고 주체성을 확보하는 일은 쉽지 않다. 돌보는 자에게도 낙인은 찍힌다. 돌보는 자가

---

    *   스티브 실버만, 『뉴로트라이브』, 강병철 옮김, 알마, 2018, p. 271.
    **   디디에 파생·리샤르 레스만, 『트라우마의 제국』, 최보문 옮김, 바다출판사, 2016, p. 82.
    ***   일라이 클레어, 같은 책, p. 90.
    **** 같은 책, p. 53.

돌봄받는 자에 대한 책임을 떠안고 있기 때문이다. 돌보는 자는 주어진 역할을 제대로 수행하지 못한 자라는 눈총에 시달리게 된다. 그는 왠지 반성을 해야 할 것 같은, 죄책감을 느껴야 할 것 같은 상황에 놓인다. 그는 더 잘해야 할 것 같다. 환자나 자신이 원하는 방식이 아니라 기준이라는 것에 맞춰서 그렇게 해야 할 것 같다. 그렇게 돌봄받는 자와 돌보는 자는 더 깊은 수렁으로 빠져들기 쉽다. 질병, 장애, 돌봄, 치료 등은 서로 이어져 있어 어느 한 가지만 떼어내어 그 개념을 수정하는 것이 불가능하다.

†

학습해본 적 없는 대화는 어떻게 시작할 수 있을까. 그 대화는 정말 내가 나눠본 적 없는 대화일까. 어쩌면 이 대화의 가능성을 내가 너무 먼 곳에서 찾으려 했을지도 모른다는 생각이 든다. 『이것도 제 삶입니다』의 2부 제목은 '나를 키운 여성들'이다. 이 꼭지에는 박채영 작가가 만난 여러 여성이 나오는데, 그중에는 대안학교 기숙사에서 만난 "언니들"도 포함되어 있다. 아홉 살, 사감으로 취직한 엄마를 따라 작가는 대안학교의 기숙사에서 생활했다.

> 학교를 마치고 기숙사로 돌아오면 사감실에 언니 한둘이 이미 누워 있었다. 사감실 문을 잠

그는 게 원칙이지만 (심지어 분명 잠궜지만) 카
드나 젓가락으로 쉽게 딸 수 있었다. 방바닥에
드러누운 언니들 옆으로 봉지만 남은 내 과자
들이 보였다. "채영아, 미안해"라고 하면서도
언니들은 일어날 생각이 없어 보였다.(p. 139)

　작가는 이때 만난 대안학교의 언니들이 "조건 없는 사랑"을 보여주었다고, "응원과 지지로" 힘이 되어주었다고 회고한다. 그러나 이 관계에서 작가가 일방적으로 돌봄을 받았다고 볼 수는 없을 것이다. 작가가 자신의 생활공간이었던 사감실을 공유했다는 것을 "언니들"은 알고 있을 것이다. 서로에게 무언가를 제공한 셈이지만 이것은 교환이나 대가가 아니다. 그들에게 그러한 목적이 없었기 때문이다. 나누어 주었다는 개념도 맞지 않을 것 같다. 그들에게는 애초에 자신이 가진 것을 '내 것'이라 여기는 마음도 없었던 것 같다. 그들은 그저 "바닥에서 뒹굴다가 때가 되면 저녁을 해먹고 잠을 잤다". 기존 시장경제에서 통용되는 공간 대여나 돌봄 노동 서비스의 개념은 이 공동체 안에서 유효하지 않다. 가족 안에서 이뤄지는 돌봄과도 결을 달리한다. 이들의 돌봄에서는 수혜자와 제공자를 명확히 분류할 수 없다. 서로 영향을 받아가며 연쇄적으로 일어난 행위의 결과이다. 서로가 서로를 지켜낸 날들일 것이다. 내게도 그런 기억이 있다. 어쩌면 누구나 한 번쯤은 그런 기억이 있을 것이다. 교환이나 대가, 내 것을 나눠 준다는 의식 없이 연쇄적이고 상호적인 방식으로 일어나는 돌봄의 자장 안에 머물렀던 경험 말이다. 그 기억이 대부분 제도의 보호를 받지 못한 개인 간 교류라는 점은, 제도의 허점을 드러내는 동시에 새로운 가능성을 암시하는지도 모르겠다.

선배의 생일을 축하하러 갔다

선배의 집은 너무 멀었다.
그래도 축하는 꼭 하고 싶었다. 생일이라서가 아니라
그가 하고 있는 일이 잘되었으면 해서.
그의 인생에 대하여,
가장 가까운 곳에서 나는 박수를 치고 싶었다.
그에게 잘 들리도록.

"첩첩산중이란 이런 거군요."
일행 중 한 명이 창밖을 보며 말했다.
"호랑이가 살고 있다고 해도 믿겠어요."
다른 일행도 주위를 둘러보며 맞장구를 쳤다. 울창한 산으로 둘러싸인 마을에 도착했다. 마을이라고 말했지만 너른 밭 중간중간 비포장도로가 깔려 있고 주택 한두 채가 듬성듬성 놓여 있었다. 나는 선배의 반려견들을 생각했다. 집과 집 사이가 너무 멀어서, 설탕이와 리듬이와 행복이가 마음껏 짖을 수 있다고 했다. 선배와 통화를 할 때면 어김없이 견기척이 들려왔다. 개들이 살아 있는 동안에는 마당 있는 집에서만 살 것이라고 선배는 말했다.

"이 먼 길을 어떻게 다니셨어요."

차에서 내려 선배를 보자마자 우리는 입을 모아 말했다. 일행들은 각자 기지개를 켰다. 그리고 한 명씩 집 안으로 들어갔다.

미리 사 온 케이크를 꺼냈고, 노래를 불렀다. 선배가 수줍은 표정으로 촛불을 불었다. 선배는 노트북을 켜 일을 하면서 우리와 대화를 나눴다. 선배는 언제나 작은 목소리로 소곤소곤 말했다. 그래서 나는 드문드문 알아듣지 못했다. 선배는 우리가 주로 나누는 주제에 대해 자신이 느끼는 감정이나 마음을 말하는 일이 드물었다. 제도나 행정절차에 대한 이야기만 했을 뿐, 감정을 드러내는 표현은 '답답하다'가 전부였다. 그는 마음에 대해서는 말하지 않지만 표정은 숨길 줄 몰라서, 간절함이나 기쁨 같은 것이 그대로 얼굴에 묻어났다.

"일하셔야 되는데 저희가 찾아온 것 아니에요?"

일행 중 한 명이 선배에게 물었다.

"아니에요."

선배는 둥글려 표현하는 법이 없었다. "그러면 안 될 것 같아요"라거나 "너무 좋아요"라는 식으로는 말하지 않았다. "안 됩니다" 혹은 "그러죠"라는 식으로 말했다. 메신저의 경우는 더했다. 이모티콘이나 말줄임표나 느낌표 없이 "네"라고만 적혀 있는 메시지를 볼 때면 선배가 마치 차가운 사람처럼 느껴졌다. 선배의 표정을 함께 떠올릴 수 있을 때부터는 선배의 단호함이 간절함이라는 것을 알게 되었다.

"그래도 좀 쉬셔야 할 텐데요."

일행이 안부를 물었다. 이번 일만 마치면 쉴 수 있을 거라고 선배는 답했다. 모두 고개를 끄덕였지만, 아무도 그 말을 믿지는 않았다. 3년 내내 선배는 똑같은 말을 반복해왔으니까.

2016년 11월, 문단 내 성폭력을 고발하는 운동이 시작될 즈음에 선배를 처음 만났다. 회의에 참석하기 위해 찾아간 자리에 누군가 먼저 도착해 있었다. 선배였다. 선배는 구석에서 혼자 커피를 마시고 있었다. 선배는 강원도에서 왔다고 했다. 꼭 해야 하는 말이 있어서 왔다고 했다. 선배는 두 가지 얘기를 했다. 첫번째는 우리가 피해자와 연대하기 위해서는 우선 변호사를 구해야 한다는 것이었다. 피해 고발자들이 명예훼손으로 역고소를 당할 수 있으니 대비를 해야 한다고 했다. 두번째는 피해자가 안전하게 말할 수 있는 신고 제도를 마련해야 한다는 것이었다. 선배는 온라인 활동은 얼마든지 할 수 있지만, 서울에서 열리는 회의에 참석하는 것은 이번이 처음이자 마지막일 것이라 했다. 그러나 그 후 3년이 넘는 시간 동안 선배는 일주일에 두세 번씩 서울과 강원도를 오가며 지냈다.

회의 날로부터 얼마 지나지 않아 피해자들은 줄줄이 역

고소를 당했다. 선배는 변호사를 찾아다니는 동시에, 또 다른 회의에 참석하기 시작했다. 그 회의에서 만난 사람들과 함께 열한 가지 정책을 만들어 문체부에 전달했다. 선배가 우선하고 싶었던, 문체부 내에 성폭력 신고가 가능한 전담 기구를 설립해야 한다는 내용도 포함되어 있다.

예술계 내에는 성폭력 법률 지원이 가능한 상담 센터가 없었기 때문에, 그간 피해자는 변호사를 직접 알아보거나, 여러 지원 센터를 전전하거나, 변호사 없이 홀로 법적 싸움을 진행해야 했다. 법률 지원이 미비하므로 피해 사실을 고발하는 데에도 당연히 어려움이 따랐다. 2018년에 미투운동이 시작되고 나서야 문체부는 1년도 더 전에 제안받은 열한 가지 정책을 실행하겠다고 언론에 발표했다. 이 정책들이 지금 실현되지 않는다면 언제 실현될지 알 수 없기 때문에 선배는 이 일에 매달려왔다. 선배는 운전을 해서 서울에 다니다가, 용인의 부모님 집에서 다니다가, 서울의 문학 레지던시에서 머물다가, 숙박업소에서 잠을 자다가, 다시 강원도에서 서울을 오갔다. 고속도로 한복판에서 자동차가 고장이 나 폐차를 했고, 그래서 이제 정말로 더는 서울에 가기 어려워졌다고 말하더니, 기차와 버스를 갈아타며 서울에 다니다가, 결국 자동차를 새로 구입해서 서울에 다녔다. 선배는 밤낮으로 문체부에 제출할 자료를 준비했다. 발제를 했고 발제를 했고 또 발제를 했다. 몇몇 친구와는 연이 끊어졌다. 선배는 심리 상담사에게 상담을 받기 시작했다. 선배는 집안일을 제대로 못 한 지 너무 오래되었다고 했다. 무엇보다 개들에게 미안하다고 했다.

2018년에 예술인복지법은 개정되었다. 예술인복지재단이 예술계 성폭력 피해 지원 업무를 맡게 되었고, 신고지원센터가 생겼다. 그러나 예술계 내에는 예술가를 징계할 만한 법적 근거가 여전히 없는 상태였다. 예술인의 프리랜서 비율은 70퍼센트에 육박했다. 프리랜서 사이에서 성폭력이 발생했을 때, 예술계 차원에서 제재할 수 있는 사건 처리 시스템이 없었다. 선배는 이후로 사건 처리 시스템의 법적 근거가 될 수 있는 법안을 만드는 일에 참여하기 시작했다. 입법 TF를 추진했고, 예술인들과 법률가들이 함께 결성한 TF를 통해 '예술인권리보장법'이 만들어졌다. 이 법안은 2019년 4월에 발의되었다. 선배는 동료 예술인들과 함께 국회의원실을 일일이 찾아다니며 의원들을 설득했다. 그러나 국회가 여야 정쟁에 휩쓸리면서 법제처 심사조차 열리지 못했다. 올해 4월에는 총선이 있고, 20대 국회가 종료되면 법안도 함께 폐기된다.

나는 선배와 프로젝트 하나를 함께했을 뿐이었다. 프로젝트가 끝난 이후 선배가 어떤 심정으로 서울에 다녔는지 정확하게는 알지 못했다. 어느 날 선배에게 물어보았다. 어째서 그렇게까지 했느냐고.

"해시태그운동이 발생했을 때, 제가 SNS에 글을 올렸거든요."

선배가 말했다. 나도 그 글을 기억하고 있었다.

> 지금 말해야 할까 초조감에 시달리지 않았으면 좋겠다. 말하지 않아도 된다. 준비가 되었을 때 자신이 원할 때 원하는 방식으로 말하면 된다. [……] 그때가 언제라도 귀 기울여 듣겠다.

"그 글에 누군가 멘션(답변)을 한 거예요. 고맙다고요. 말하기 어려워서 힘이 드는데, 또 너무 초조한데, 타이밍을 놓치면 나중에는 들어주지 않을까 불안했다고요."

선배는 좌절감이 들고 지칠 때마다 그 사람의 답변을 떠올렸다고 했다.

선배만 선배처럼 살지는 않을 것이다. 나와 가까운 곳에 선배가 있다는 것은 내 시야에는 보이지 않지만 선배처럼 살고 있는 여성들이 있음을 명심하도록 만든다. 안 보이는 사람. 자신을 드러내지 않는 사람. 그렇지만 여성의 미래를 위해 더 나은 길을 만들고 있는 사람. 마지막으로 선배는 이 일을 계속할 수밖에 없었던 이유가 한 가지 더 있다고 덧붙였다. 선배는 자신보다 스무 살가량 적은 삼십대 여성들과 함께 이 일을 해왔다고 했다. 함께 열심히해온 후배 여성들에게 좌절의 경험을 안겨주는 일만은 하고 싶지 않았다고 했다.

• 이 글은 2020년 1월에 작성되었다. 예술인권리보장법은 2021년 9월 24일에 제정되었다.

언니와 나는 동네 친구였다

딱히 약속을 잡지 않아도 자주 만났다.
뭐 해?라고 물으면
맥주 한잔?이라는 답이 돌아왔다.

나는 서진 언니네 집에 자주 놀러갔다. 〈거침없이 하이킥〉 레전드 편을 돌려보다가 배가 고파오면 같이 밥을 차려 먹었다. 함께 영화를 보러 바깥으로 나가거나 한강 잔디밭에서 버스킹하는 사람들을 구경하기도 했다. 단지 무료함을 지우기 위해 언니와 시간을 보낸 것은 아니었다. 언니는 나에게 더할 나위 없이 든든한 사람이었다. 닮고 싶은 사람이었다. 언니와 함께 있는 시간은 내가 어떤 사람이 되어야 하는지를 배우는 시간과도 같았다.

언젠가부터 언니에 대해 안 좋은 말들이 들려왔다. 언니는 하루도 빠짐없이 다툼을 만드는 트러블 메이커였다. 남자친구는 있느냐고 플러팅을 하는 택시 기사와 다툰 다음 날에는 합석하자는 말을 반복하던 술집의 옆 테이블 남자들과 다퉜다. 그러니까 왜 여자들끼리 야심한 밤에 술집에 있느냐고 잔소리를 늘어놓는 경찰관에게 언니는 해야 할 말을 꼬박꼬박 쏘아붙이곤 했다. 언니가 다툼을 만들 때마다 나는 언니와 함께 있어서 다행이라고 여겼다. 소심한 내가 차마 입 바깥으로 꺼내지 못한 말을 언니가 단호하게 대신 말해줬다. 언니의 주변 사람들은 언니가 지나치다고 했다. 굽혀야 할 때 굽힐 줄 모른다고 했고, 늘상 분위기를 깨고 상황을 당혹스럽게 만든다고 했다. 성격이 더럽다고 했다. 그러다 언니 곁을 떠나갔다. 언니의 단짝들마저 절교를 선언했다. 다른 사람들이 떠나가며 뱉었던 말을 똑같이 뱉고서. 언니의 눈동자가 흔들리고 입술이 떨리는 것을 그때 처음 보았다. 누구와도 거침없이 싸우던 언니는 그들과는 싸우지 않았다. 그들이 남긴 잔인한 말을 고스란히 견디는 듯 보였다. 나는 언니 곁에 남아서 언니가 가장 쉽게 부를 수 있는 사람이 되기로 했다.

언니는 아기 고양이와 함께 살기 시작했다. 언니네 집에만 가면 콧물이 흐르고 눈알이 가려웠다. 몸살이 온 줄 알았지만, 고양이 털 알레르기였다. 마스크를 낀 채 온몸을 벅벅 긁으면서도, 나는 언니 집을 찾아갔다. 아기 고양이가 살금살금 내게 다가오는 순간을 좋아했다. 고양이와 친해질수록 눈물이 줄줄 흘러내렸지만, 그래도 좋았다.

언니는 결혼을 해서도 여전했다. 나는 여전히 고양이 앞에서 콧물을 줄줄 흘리며 언니와 형부와 함께 텔레비전을 보았고 저녁을 먹었다. 난생처음으로 배내옷을 사 들고 언니의 산후조리원으로 찾아갔던 날, 나는 언니가 나를 처음 만났던 그때로부터 아주 먼 곳으로 이동했다는 걸 뒤늦게 알아챘다. 그날 언니는 의자에 구부정하게 앉아 넋이 나간 듯한 얼굴을 하고 있었다. 출산의 기쁨으로 상기된 웃음을 띠고 있으리라 막연히 상상했던 내 편견은 산산이 깨졌다. 언니는 한 박자 늦게 손을 들어 내게 알은체를 했다. 우리는 통유리 너머에 나란히 서서 아기를 보았다. 저 자그마한 입술 좀 보라며 나는 호들갑을 떨었다.

"이상해. 아무 느낌이 없어. 나는 모성애가 없나 봐."

언니는 그 어떤 연기도 할 생각이 없는 사람이었다. 엄마가 된 순간조차 그랬다. 나는 늘 그랬듯이 그런 언니가 오히려 더 좋았다.

내가 산모와 아기의 건강에 대해 안부를 물을 때마다 언니는 아기는 무사하고 자기는 무사할 리 없다고 말했다. 나는 언니 덕분에 육아를 떠맡는 엄마의 혹독한 시간들에 대해 이해하기 시작했다. 갓난아기는 두 시간마다 깨서 운다는 것. 나날이 핼쑥해지는 엄마에게는 먹고 자는 일 모두 최악이 된다는 것. 겨우 잠에 들어도 아기가 계속 우는 악몽을 꾼다는 말을 언니가 나에게 해주었을 때 나는 언니에게 아무 말도 해줄 수가 없었다.

아기가 한 음절씩 말을 하기 시작했을 때, 아기가 아장아장 걷기 시작했을 때가 되서야 언니는 아기를 사랑하고 있다는 걸 깨달았다고 했다. 자신이 반쯤 미쳐가는 상황에서도 매일매일 안간힘을 다해 이 목숨을 지켜냈기 때문에 찾아온 사랑이라고 했다. 육아에 인질처럼 묶여 있다 보니, 모성애가 인질의 생존 본능처럼 여겨진다고 했다.

언니와 나는 서로 다른 세계에서 살게 되었다. 나는 얼굴도 모르는 사람들과 업무용 메일을 다정하게 주고받을 줄 아는 사람이 되어갔다. 오직 친근감을 표하기 위해 날씨 이야기를 메일에 적어 보냈다. 마감이 많으면 일상이 사라졌고, 마감이 없으면 생계가 불가능했다. 언제나 양극단에 놓였다. 언니는 집 문제가 해결되지 않아 단 한 시간이라도 혼자 있을 여유가 없다며 우울해했다. 우리의 대화는 나의 혼잣말과 언니의 혼잣말이 이어지는 평행선 같았다. 그래도 우리는 서로의 안부를 시시콜콜 늘어놓았다. 전적으로 이해하지 못하지만 전적으로 응원하는 사이인 것은 예나 지금이나 마찬가지 아니냐며 언니는 호탕하게 웃었다.

언니가 하루 두 시간씩 외출을 하기 시작했다고 말했을 때 나는 너무 반가운 나머지 누워서 전화를 받다가 벌떡 일어났다. 언니는 그 금쪽같은 시간에 수영을 다녔다. 매일매일 필사적으로 숨을 들이마시고 미친 듯이 물을 걷어차고 나면 살 것 같은 느낌이 든다고 했다. 내가 필라테스를 그만두고 스피닝을 그만두고 다시 필라테스를 시작할 동안 언니는 꾸준히 수영을 다녔다. 더는 배울 것이 남아 있지 않을 때에도 계속 다녔다. 아마추어 수영 대회에서 메달을 따면서부터는 더 열심히 다녔다. 상금으로 딸이 좋아하는 탕수육을 시켜 먹였다며 자랑했다.

언니의 딸 서하와는 아기 고양이처럼 아주 천천히 가까워졌다. 처음에는 내 얼굴만 봐도 울면서 안방으로 도망을 갔다. 그 도망가는 뒷모습마저 사랑스러웠다. 누워 있는 나를 트램펄린 삼아 뛰어놀고 싶어 할 때에도 서하는 내가 아프다고 소리치면 금세 걱정을 했다. 내 배를 어루만졌다. 협탁 위에 있는 초콜릿을 잔뜩 집어 와 내 가방에 넣어놓기도 했다. 서하가 초콜릿을 안 좋아한다는 건 나중에야 알았다. 나는 언니네 집 앞 편의점에서 서하가 좋아하는 감자 맛 과자를 사다 주었고, 서하는 내 앞에 서서 모은 두 손을 내밀었다. 퀴즈를 맞히면 과자를 주겠다며 나는 질문을 던졌다. "서하는 생일이 언제야?" 서하는 가만히 서서 열심히 눈알을 굴렸다. 시간과 날짜 개념을 아직 배우지 못한 서하가 어떤 대답을 할지 나는 잔뜩 기대했다. 서하는 자신 없는 목소리로 대답했다. "아까." 아까라니. 아마 서하가 알고 있는 유일한 과거 표현이었을 것이다.

서하가 언니의 청소를 돕겠다고 자신의 장난감을 치우기 시작할 즈음 언니는 둘째를 낳았다. 언니는 아기를 낳자마자 이름 짓는 일로 시댁과 설전을 벌였다. 언니의 시댁은 둘째는 남자아이이므로 반드시 집안의 돌림자를 붙여야 한다고 고집했다. 나는 언니와 이 일을 의논해왔다. 어떻게 해야 집안의 돌림자를 물려주지 않을 수 있을지에 대해. 아들만 돌림자를 물려받았다는 사실을 알았을 때 서하가 느낄 이상한 소외감을 언니는 예방하고 싶어 했다. 언니는 언니의 방식대로 단도직입적으로 어른들께 말했다. 내 배로 낳은 아이니까 내가 이름을 짓겠다고 했다. 여느 누구도 그러지 못했던 것처럼 시댁조차 언니의 뜻을 꺾을 수는 없었다. 언니가 원하는 대로 아이의 이름을 지었다. 첫째가 서진의 '서'를 따서 '서하'였듯이 둘째는 서진의 '진'를 따서 '진하'가 되었다.

지금 언니는 인명 구조 요원 자격증을 따기 위해 수영을 다니는 일에 더 열심이다. 나는 언니가 참 대단하다며 환호했다. 언니는 어이가 없다는 듯 웃었다. 그냥 수영을 하다 보면 자연스럽게 꾸게 되는 꿈이라고 했다.

열아홉 살 때 나는 다이미(大味)라는 가게에서 아르바이트를 했다

코스 요리를 파는 일식집이었다.

오후 5시에 출근을 하면 가게 안쪽 폐쇄 주방에 있는 이모에게 인사부터 했다.

"미희 왔니?"

이모는 종종 나를 미희라고 불렀다. 무심결에 나를 부를 때에 자주 그랬다. 미희는 이모가 예전에 일했던 식당에서 아르바이트하던 사람의 이름이었다. 딸처럼 아꼈다고 했다. 외꺼풀이고 턱 가운데에 호두 주름이 잡히는 것, '키빼기'만 크고 몸에 '히마리'가 하나도 없는 것, 잇몸이 다 보이게 헤벌쭉 웃는 것이 나와 꼭 닮았다고 했다. 그래서 자꾸 이름이 헷갈린다고, 미안하다고 했다. 그렇지만 나는 이모가 나를 '미희'라고 잘못 부르는 게 괜히 좋았다. 닮은 외양이 전부는 아닌 것 같았기 때문이다. 딸처럼 느껴진다는 그 마음까지 닮았을지도 모른다고 나는 자주 느꼈다. 진짜 미희는 지금 어떻게 지내느냐고 이모에게 물어본 적이 있었다. 연락이 끊겼다고 했다.

"아쉽게 됐네요."

"아쉽기는. 잘된 거지. 당연히 끊어져야지."

이모는 단호하게 말했다. 그리고 김장용 스테인리스 대야 앞에 목욕탕 의자를 놓고 앉았다. 커다란 채칼을 대야에 걸쳐놓고, 허벅지보다 두꺼운 무를 두 손으로 움켜쥐었다. 후, 하, 후, 하, 숨소리를 내뱉으며 무를 채칼로 힘껏 밀었다. 새하얀 무채가 대야 속으로 우수수 떨어졌다. 금세 작아지다가 꽁지만 남았다. 이모는 꽁지를 입안에 넣고 아삭아삭 씹어 먹으며, 대야에 뾰족하게 쌓여 있는 무채를 손바닥으로 평평하게 골랐다. 문득 멈추고 벽을 바라보았다.

"그런 걸 서운해하면 안 되지. 축하할 일이지."

누구에게 건네는지 알 수 없는 말을 하고 다시 무를 집었다.

내가 홀을 빗자루로 쓸고 물걸레로 닦는 동안, 이모는 직원들의 식사를 준비했다. 과장과 부장, 실장과 사장이 차례로 출근했다. 과장과 부장과 실장은 하얀 셰프복으로 갈아입었다. 사장은 계산대에서 잔금을 정리했다. 이모는 셰프복을 입지 않는 유일한 요리사였다. 아무도 이모를 요리사라고 부르지는 않았지만, 나는 모든 식재료를 다듬고 모든 양념을 준비하는 이모가 이 식당에서 가장 중요한 요리사라고 여겼다. 이모는 오픈 주방 안쪽에 감춰진 폐쇄 주방에서 음식을 만드는 유일한 사람이었다. 이모는 뒷문으로 나가서 건물 계단에 있는 공중화장실을 사용해야 하는 유일한 사람이었다. 이모는 가장 먼저 출근하고 가장 늦게 퇴근하는 직원이었고, 요리사만 네 명인 가게에서 요리사를 비롯한 모두의 식사를 책임져야 하는 직원이었고, 다른 요리사가 입고 던져놓은 셰프복을 세탁하고 다림질해야 하는 직원이었다. 그럼에도 요리사 중에서 가장 적은 월급을 받는 직원이었다.

나는 주문을 받으면 오픈 주방으로 보내야 할 것과 폐쇄 주방으로 보내야 할 것을 메모지에 따로 적었다. 내가 메모지를 전달하러 폐쇄 주방으로 들어갈 때마다 이모는 "잠깐만 있어봐" 하며 손목을 붙잡았다. 머리가 떨어져버린 새우튀김, 옆구리가 삐져나온 캘리포니아롤, 깨끗하지만 손님에게 내갈 수 없는 요리를 접시에 담아두었다가 내게 건넸다.

"언제 그만둘 거야? 이제 그만둬야지."

이모는 내게 홀 아르바이트를 그만두라고 했다. 나는 이모의 마음을 알고 있었기 때문에 이모의 말투대로 농담을 했다. 나를 보는 게 그렇게 싫으시냐고 퉁명스러운 말투로 대꾸했다.

"꼴도 보기 싫지."

너무나 따뜻하게 웃으며 이모는 내게 그렇게 말했다. 서빙을 하다 보면 주방 보조를 하게 되고, 주방 보조를 하다 보면 평생 '식당 이모'로 살게 된다는 게 이모의 걱정이었다. 그것은 바로 이모 자신의 삶이었다.

"실장님도 서빙부터 했다고 그러던데요."

실장은 몇 번이고 자신이 어떻게 살아왔는지를 얘기해주었다. 몇 년 만에 주방장이 되었는지, 어떤 메뉴를 개발해서 그 식당을 일으켰는지. 지난날의 고생을 아련하게 회고하다가 자부심을 드러내곤 했다.

입안 가득 캘리포니아롤을 씹고 있는 내 등짝을 이모는 후려쳤다.

"너는 이모가 된다니까!"

열아홉 살이었던 나는 폐쇄 주방에서 이모가 따로 챙겨둔 못생긴 음식들을 나누어 먹으며 이모에게 등짝을 맞는 시간들을 좋아했다. 폐쇄 주방에는 텔레비전도 창문도 없었다. 빗자루와 대걸레, 바퀴벌레 약, 손님들이 사용한 물수건, 음식물 쓰레기, 다른 사람들이 봐서는 안 되는 것만 쌓아놓는 장소였다. 매일매일 열두 시간 동안 갇혀 있어야 하는 것이 제일 힘들다고, 누군가와 대화만 할 수 있어도 좋겠다고 이모는 말했다.

나는 이모에게 내가 읽던 책을 빌려주었다. 이모는 이틀 만에 그 책을 다 읽었다. 가게는 매일 두세 시간 정도만 바쁘고 나머지 시간은 그저 손님을 기다리는 모드로 있어야 했다. 나는 창문 앞에 서서 창밖을 지나가는 사람들을 구경했다. 오픈 주방에 모여 있는 요리사들은 전날 있었던 야구 경기 이야기를 나누곤 했다. 이모는 폐쇄 주방에서 홀로 답답함을 견뎌야 했다. 이제 책을 읽으니까 버틸 만해졌다고 이모는 말했다. 다른 책도 빌려달라고 했다. 어떤 책이 좋으시냐고 물으면 재밌는 거,라는 대답이 돌아왔다. 이모가 어떤 책을 재밌어할지 고민하는 것이 퇴근 후 나의 즐거움이었다. 파울로 코엘료와 프랑수아즈 사강, 라이너 마리아 릴케와 도리스 레싱, 천명관과 오정희의 책을 도서관에서 차례로 빌렸다. 이모는 빠르게 완독했다. 어떤 책은 한 장 한 장 천천히 오래도록 읽었지만 도저히 읽히지 않는다며 내게 돌려주었다.

"재미가 없네."

이모의 평가는 간명했다. 재밌다고 정평이 나 있는 베스트셀러를 들고 나는 고개를 갸웃거렸다. 어째서 이모를 재밌게 하지 못했을까. 더 재밌다고 소문난 책을 골라 와서 이모에게 건넸지만, 이모는 더 재미없다고 손사래를 쳤다.

"이런 거 말고, 사람 얘기가 좋아."

모든 책은 사람이 하는 얘기이고, 사람에 대한 얘기인데, 이모는 몇몇 책만을 '사람 얘기'라고 말했다. 이모는 손을 씻고 물기를 탁탁 털어냈다. 식힘 통 뚜껑을 열고 손을 집어넣었다. 오른쪽 손바닥으로 밥 덩이를 동그랗게 쥐면서, 동시에 오른손 검지로 와사비를 찍었다. 생선 살점에 와사비를 바르고 밥 덩이 위에다 올렸다. 검지와 중지로 밥을 한 번 눌러준 다음, 초밥을 뒤집은 뒤 손바닥을 오므려 모양을 교정했다. 세 번만 쥐어서 초밥을 완성하는 요리사는 이모뿐이었다.

"초밥 나가야지."

순식간에 완성된 초밥 한 접시를 이모가 내게 내밀었다. 나는 식자재 박스 위에 새로 대출해 온 책을 올려두고 초밥 접시를 받아 들었다.

나는 어느 순간부터 이모가 좋았다던 책을 다시 읽기 시작했다. 이모의 시선으로 독서를 했다. 몇 줄이나마 소설을 써야지만 잠에 들 자격이 있다며 졸린 눈을 비비며 노트북 앞에 앉아 있을 때마다 나는 이모의 시선으로 내가 쓴 한 문장을 지웠다. 그리고 다시 한 문장을 썼다.

몇몇 직원의 월급이 몇 달씩 밀리기 시작했고 얼마 지나지 않아 식당은 문을 닫았다. 나는 이모보다 며칠 일찍 식당에서 해고되었다. 그리고 나서 이모의 전화를 받았다. 받지 못한 3개월 치 월급을 받기 위해 지금부터 싸움을 시작할 거라고 했다. 나를 만나 생각을 나누고 싶다고 했다. 함께 일한 요리사들과 다른 아르바이트생이 아니라 나에게 전화를 건 이유가 있다고 했다.

"너랑 나랑은 대화를 많이 했잖니."

나는 또 이모의 말투대로 "우리가 뭘 그렇게 대화를 많이 했느냐"며 퉁명스럽게 대꾸했다.

"같은 책을 읽었잖아. 그게 대화한 거지."

내가 아르바이트했던 가게들에는 대부분 '이모'가 있었

다. 곱창집에는 폐쇄 주방에서 곱창을 초벌하는 이모가 따로 있었다. 환기가 충분히 되지 않아서 이모는 주문이 밀려들 때마다 화를 냈는데, 참고 참다가 홀과 연결되어 있는 폐쇄 주방 문을 활짝 열어두는 것으로 분노를 표출했다. 홍대 후문 카페에는 영업시간 이후 화장실 청소를 하러 오는 이모가 따로 있었다. 가끔 영업 종료 이후에도 손님들이 나가지 않는 날이면, 이모는 유리문을 열다 말고 돌아 나갔다. 손님이 사라진 뒤에야 가게로 돌아왔다. 명동 중앙로 카페에는 옥상에 임시로 설치한 비닐하우스 안에 이모가 있었다. 그 추운 공간에서 이모는 항상 두꺼운 점퍼를 입고 털모자를 쓰고 있었다. 손은 고무장갑을 끼고 있는 것처럼 항상 시뻘겠다. '중년 여성'이라는 이유만으로, 이들은 수많은 가게의 가장 외진 곳에서 온갖 지저분한 일을 도맡고 있었다. 애정과 관심이 있어도 그걸 표현하는 게 도무지 어색한 나는 그 가게들에서 만난 이모들과 책을 나눠 읽었다. 가끔씩 이모에게서 연락이 왔다. 연락을 먼저 하지 못해서 미안해하는 내 마음을 귀신같이 읽고 이모는 내게 말했다. 우리는 연락이 끊긴 적이 없다고. 우리는 대화를 많이 한 사이라고. 그것은 영원한 거라고 했다.

그녀는 40킬로그램

잘 알지도 못하는 골목을 질주했다. 새벽이었다.

새카만 골목에 내 발자국 소리만 쿵쿵쿵쿵 울려 퍼졌다.

저 멀리에서 사이렌이 들렸다. 소리가 점점 가까워지자 하얀 앰뷸런스가 다가왔다. 앰뷸런스가 내 곁을 스쳐 지나갔다. 나는 고개를 돌려 차창 안을 살폈다. t였다.

t를 처음 만난 건 2016년 10월, 문단 내 성폭력 해시태그운동이 시작되고서였다. t는 피해자들과 연대하며 누구보다 목소리를 높였다. 많은 사람이 t의 SNS 계정을 지켜보았다. 나도 그들 중 한 사람이었다. t는 피해자의 호소에 가장 열심히 응답했고, 피해자의 도움 요청에 가장 먼저 달려갔다. 그날도 그런 날이었다. 성폭력 피해자가 자살 시도를 한 것이다.

다음 날 나는 피해자가 걱정되어 병원을 찾았다. 그곳에서 t를 또 만났다. 피해자는 중환자실에 있었다. 우리는 크리스마스트리 전구가 점멸하는 병원 로비에 나란히 앉아 환자의 의식이 돌아오기를 기다렸다. 일행 중 한 명이 식사는 하셨느냐고 물어왔다. 모두가 고개를 저었다. 그는 병원 앞 카페로 사람들을 데려갔다. 음료와 빵을 주문해주었다. 그제야 허기가 몰려왔다. 허겁지겁 빵을 삼켰다. t는 그저 가만히 앉아 있었다. 조금이라도 먹어야 힘이 나지 않겠느냐며 빵을 건넸지만, 포크만 들고 있을 뿐 먹지 않았다.

"못 먹겠어요."

t는 멋쩍은 듯 희미하게 웃어 보였다. 나는 포크를 쥔 t의 손목이 몹시 야위었다는 걸 그제야 알아챘다.

병원에서 나와 지하철역을 향해 걸었다. 나는 이 동네에 처음 와본다는 말을 t에게 건넸다.

"그러고 보니 저도 되게 오랜만이에요. 얼마 만이지? 옛날에는 매일 이 동네 돌아다녔는데."

t가 답했다. 대학 시절 휴학을 하고 이 동네에서 광고를 공부했다고 했다.

"이 동네에서 도서관도 다녔고요. 요 앞에 샌드위치 가게가 있었는데, 거기에서 아르바이트도 했거든요."

나는 고개를 끄덕였고, t는 말을 이었다.

"취업했을 때 참 기뻤어요. 친구가 막 풍선도 불고 고깔모자까지 쓰고서 축하해주었고요."

t는 S 출판사에 마케터로 취직했다. t의 마지막 직장이었다. 누구나 알 만한 베스트셀러를 여러 권 출간한 출판사였다. 열심히 일하고 싶었고, 정말로 열심히 일했다.

"진짜로 일을 좋아했죠…… 진짜로."

그러나 t는 직장 상사에게 성폭력을 당했다. 피해자가 더 있다는 사실을 알게 된 t는 소송을 시작하고 이를 공론화했다. 피해자가 더 생겨나는 일만은 막아야 했다. 열심히 싸웠으나, 결국 직장을 그만둘 수밖에 없었다. 이후로는 시 창작 강의를 들으며 시를 써왔다. 그리고 몇 년 후, 문단 내 성폭력 해시태그운동이 시작된 것이다. t는 피해자에서 연대자로 그리고 미투 활동가로 변화해갔다.

병원에, 집회에, 법원에, 문체부 포럼에. 성폭력 이슈와 관련된 어느 자리에 가든 t는 가장 먼저 그곳에 와 있었다. 누군가가 몸을 사려 주춤거릴 때 t는 거침없이 발언했고, 모두가 마다하는 인터뷰도 승낙했다. t는 점점 더 눈에 띄는 존재가 되어갔다. 가해자와 가해자 지지자들의 타깃이 되어갔다. t는 매일매일 야위어갔다. 체중이 40킬로그램 아래로 내려갔다. 그래도 SNS상에서 t는 더 우렁차고 씩씩하게 발언했다. 유머도 자주 그의 타임라인을 채웠다. 그는 그의 모든 힘을 이 투쟁에 사용했다. 가해자와 끝까지 잘 싸우기 위해서. 피해자들의 든든한 지원군이 되기 위해서. 연대를 지속하기 위해서.

요즘 t가 가장 잘하는 일 중 하나는 파티를 여는 것이다. 누군가가 위기에 처했을 때, 그래서 음식조차 잘 삼킬 수 없을 때, t는 주변의 여성들을 한자리에 불러 모았다. 작은 서점을 섭외해 공연을 개최하고, 자신의 집으로 여성들을 초대했다. 찬장에서 프라이팬을 꺼내고 떡볶이 밀 키트와 인스턴트 수프, 햇반과 김과 김치 같은 것을 바리바리 꺼내어놓았다. 싱크대 앞에 서서 서툴게 칼질하며 요리를 했다. 먹을 것을 나눠 먹지 않는 날에는 자신이 먹던 비타민 같은 것을 싸 와서 나눠 주었다. 나도 그의 비타민을 받아본 적이 있다. 요일별로 칸이 나뉘어 있는 알약 케이스 안에 색색의 영양제가 담겨 있었다. t는 적혀 있는 요일에 맞춰 영양제를 먹겠다는 약속을 나에게서 받아내고 나서야 활짝 웃어 보였다. 내가 꼬박꼬박 복용한 것은 영양제라기보다는 그의 마음이었다. 만나기 어려운 상황에는 메신저로 말을 건다. 그리고 아무 말이나 열심히 재잘댄다.

"연남동에 꽈배기 가게가 생겼는데요. 사람들이 막 줄을 서서 꽈배기를 먹는 거 있죠? 줄 서서 먹는 꽈배기 먹어봤어요? 그냥 꽈배기가 아니라던데! 같이 꽈배기 먹으러 갈래요?" "츄르 먹는 고양이 보세요! 우리 집 앞을 맨날 돌아다니던 애거든요. 다가오지도 않고 경계하더니 오늘 드디어 마음을 열어줬어요!"

t가 너무나 열심히 아무 말을 하기 때문에 상대방은 무슨 말이라도 하게 된다. 혼자 말을 삼키던 시간이 종료되고 입을 열어 무엇이든 말하게 된다. 그리고 끝내 농담을 주고받게 된다. t는 웃기지도 않는 농담도 열심히 늘어놓는다. 너무나 웃기지 않기 때문에 마침내 피식 웃게 된다.

t는 누구보다 힘들었던 사람이기 때문에, 힘든 사람에게 무엇이 가장 필요한지 정확하게 알고 있다. 한 개인이 어떤 경험을 통과하며 더 강한 개인이 될 수 있는지, 나는 t로부터 배워갔다. 더불어, 강한 사람은 따로 있는 것이 아니라 그렇게 되어가는 것이란 사실도 t 덕분에 재확인했다.

  t의 산문집이 곧 출간될 거라는 소식을 들었다. 라디오 방송에 보낸 사연이 당첨되고 신청곡이 흘러나온 이야기, 우울감 때문에 집 바깥으로 나갈 수 없었을 때 포켓몬 GO의 도움을 받아 산책을 다닌 이야기, 생일날 전동 드릴을 구입해서 집을 수리한 이야기와 성폭력 가해자를 고소하고 싸워나간 이야기가 그 책에 담겨 있다. 아무것도 할 수 없었던 시간인 듯 여겨지지만, 모든 것을 해보았던 시간에 그가 남긴 문장들. 아직 다 재건되지 못한 성폭력 피해자의 삶은 쓸모없는 것이 아니라, 잘 살고 있고 앞으로 더 잘 살게 되는 과정이라고 t는 믿고 있다. 아프지 않고, 자살하지 않고, 오래오래 행복하게 살아가는 것. 자신의 꿈은 자연사라고 t는 농담 같은 진담을 자주 말해왔다. 먼 훗날, 우리가 할머니가 되어 이 시간들을 돌아볼 때, 생각보다 쉽게 꿈을 이루었다고 t가 말할 수 있게 된다면 좋겠다.

위하는 일

새로 오픈한 우동집에서 붓카케우동을 먹고 있었다. 휴대폰이 울렸다.

"깜지가 죽을 것 같아."

우동을 먹다 말고 점퍼를 챙겨 입고 부모님 집으로 향했다. 심각하게 걱정하지는 않았다. 개는 쉽게 아팠다. 입맛에 맞지 않는 사료를 주면 며칠씩 굶었고, 산책을 오래 다녀온 날에는 다리를 절었고, 천둥이 칠 때면 토를 했다. 그러다가도 천둥이 멈추면 아무 일 없었다는 듯 하품을 하고 깡충깡충 뛰어다녔다. 꾀병을 부린 적도 있고, 진짜 병에 걸린 적도 있다. 죽을 것 같던 날은 숱하게 많지만, 개는 한 번도 죽지 않았다. 오랜만에 개들과 가족을 보러 간다, 그렇게 여겼다.

현관을 열었다. 마중을 나온 쁘띠가 꼬리를 흔들었다. 깜지는 거실 카펫 위에 쓰러져 있었다. 갈비뼈와 엉치뼈의 골이 다 보일 정도로 앙상했다. 혀가 입 밖으로 길게 늘어져 침을 흘리고 있었다. 깜지가 천천히 고개를 들어 나를 보았다. 입꼬리를 크게 늘여 헥헥거렸다. 웃는 것처럼 보였다.

　무슨 일이 있었던 거냐고 엄마에게 물었다. 깜지는 2주 동안 동물병원에 입원했었다고 했다. 내가 걱정할까 봐 말하지 않았다고, 입꼬리를 늘어뜨리며 엄마가 답했다. 편안한 집에서, 가족과 함께 마지막을 맞이하는 것이 좋지 않겠느냐고 의사가 권해서 집으로 데려왔다고 했다.

　깜지의 숨이 점점 가빠졌다. 나는 안방에서 솜이불을 가져왔다. 깜지의 몸에 덮어주었다. 깜지는 옆으로 누운 채 앞발로 몸을 밀어가며 이불 밖으로 기어 나왔다. 깜지의 몸에 다시 이불을 덮어주며 엄마가 말했다.

　"죽을 자리를 찾는 걸까."

　죽음 직전에 있는 동물들은 죽을 자리를 찾아 차가운 곳으로 이동하는 습관이 있다는 것이었다. 나는 울먹이며 깜지의 몸을 이불로 꽁꽁 쌌다. 깜지는 이불 밖으로 앞발을 꺼내기 위해 버둥대다가 축 늘어졌다. 그러고는 다시 버둥거렸다. 깜지의 코가 바짝 말라 있었다. 엄마가 물을 떠 왔다. 손가락에 물을 묻혀 깜지의 코를 적셔주었다. 깜지는 도리질을 했다. 콧구멍에 물이 들어가서 숨쉬기가 더욱 어려운 듯싶었다. 아빠가 카메라 에어펌프를 들고 왔다. 깜지의 코에 바람을 불어 넣었다. 깜지는 더 심하게 도리질을 했다.

　"병원이라면 산소호흡기를 달아줄 텐데."

　아빠가 회사에 가면 산소통이 많이 있다고 했다. 산소

통에 호스를 달아 연결하기만 하면 산소호흡기를 만들 수 있다는 것이었다. 산소나 질소 따위로 실험을 하는 것이 아빠의 직업이었다. 차 키를 들고서 아빠는 달려 나갔다. 아빠는 LPG 가스통과 비슷하게 생긴 것을 어깨에 메고서 돌아왔다. 원통형 스틸 꼭대기에 빨간 밸브와 압력 게이지 계측기가 달려 있었다. 쁘띠는 산소통을 보고서 잽싸게 안방으로 도망갔다. 깜지는 몸을 바들바들 떨기 시작했다. 개들은 낯선 물건이나 소리를 두려워했다. 청소기를 켜낼 때나 아파트 안내 방송 소리가 들릴 때면 침대 밑으로 도망가기 일쑤였다.

 아빠가 창고에서 계단 청소용 호스를 찾아냈다. 엄마는 싱크대 서랍에서 깔때기를 찾아냈다. 청소용 호스를 가위로 자른 다음, 노란 테이프를 사용해 깔때기에 연결했다. 호스 반대편 끝은 산소통에 연결했다. 산소통의 밸브를 돌렸다. 칙─소리가 났다. 깜지의 눈이 휘둥그레졌다. 깜지는 발을 후들거리며 어기적어기적 도망을 가기 시작했다.

 엄마가 깜지의 목을 붙잡았다. 언니가 앞발을 붙잡았다. 내가 몸통을 붙잡았다. 깜지를 뒤집은 다음, 깜지가 움직이지 못하도록 힘을 주었다. 아빠가 깜지의 입에 깔때기를 가져다 댔고, 밸브를 열었다. 깜지가 낑낑거리며 앓는 소리를 냈다. 울기 시작했다. 어느새 안방에서 나온 쁘띠가 우리 주변을 맴돌며 으르렁거렸다. 자세를 낮추고서 컹컹 짖었다. 산소통 속 산소가 동이 난 다음에야 우리는 깜지를 놓아주었다. 깜지는 헥헥거렸고, 이불 밖으로 나가려고 안간힘을 썼고, 탈주에 성공할 때마다 가족들은 깜지를 다시 이불로 싸맸다.

나는 서울에 있는 유명한 동물병원으로 깜지를 데려가야 한다고 주장했다. 깜지가 동물병원을 얼마나 싫어했는지에 대해 아빠는 말했다. 하얀 가운을 입은 낯선 의사를 볼 때마다 깜지가 얼마나 몸을 바들바들 떨었는지. 주사를 놓을 때면 몸을 어떻게 움츠렸는지. 입원실이 얼마나 좁았는지. 입원실 안에 있는 개들이 어떤 표정을 짓고 있었는지. 그 입원실 안에 깜지를 두고 갈 때 깜지가 얼마나 울었는지. 얼마나 문을 긁어댔는지. 깜지를 데리러 갔을 때 깜지가 얼마나 꼬리를 흔들어댔는지. 네 욕심 때문에 깜지를 더 괴롭혀서는 안 된다고 했다. 더 살게 된다 하더라도 입원실에서의 시간을 늘릴 뿐이고, 낯선 입원실에서 공포에 휩싸인 채 죽게 될 거라고 했다. 나는 집에서 깜지를 괴롭히나 병원에서 깜지를 괴롭히나 다를 것은 없다고 생각했다. 개를 키우는 지인에게 연락을 했다. 최근 개가 아파 서울의 유명 동물병원에서 치료를 받았다고 알고 있었다. 지인에게 소개받은 동물병원에 전화를 넣었다. 개를 데리고 오라는 답을 들었지만, 아빠는 반대했다. 쁘띠가 자기 딸인 깜지의 눈곱을 핥아주고 있었다.

내가 열여섯 살 때였다. 태어난 지 한 달이 된 쁘띠를 입양했다. 일주일이 지났을 때, 아기 쁘띠가 아프기 시작했다. 갑자기 눈이 뒤집어지고 거품을 물며 경기를 일으켰다. 쁘띠의 앞발을 흔들어 깨워가며 동물병원으로 달려갔다. 홍역이라고 했다. 병을 가지고 태어난 개라고. 잠복기간 동안 병세가 나타나지 않았던 것뿐이라고. 곧 죽을 거라고 했다.

어릴 적 할머니가 멕소롱을 만병통치약이라고 불렀다는 것을 기억해냈다. 약국에서 멕소롱과 주사기를 사 왔다. 주사기의 바늘을 뺀 다음, 멕소롱을 넣었다. 쁘띠의 볼을 눌러 주둥이를 벌리고 멕소롱을 짜 넣었다. '죽지 마, 쁘띠야.' 나는 주술이라도 거는 마음으로 계속 계속 죽지 말라고 쁘띠에게 말했다. 쁘띠는 캑캑거리고 혀를 날름거리며 멕소롱을 다 먹었다. 맛이 좋은 모양이었다. 내가 먹인 멕소롱 때문에 쁘띠가 죽지 않았다고 나는 내내 믿고 지냈다.

"죽지 마, 깜지야."

지금 내가 고개를 끄덕이면 깜지가 죽어버릴 거라고 생각했다. 죽지 말라는 말을 해야 죽지 않을 것 같았다. 나는 원망의 눈초리로 가족들을 쏘아보았다. 아빠는 마지못해 고개를 끄덕였다.

가족들은 외투를 챙겨 입기 시작했다. 쁘띠가 가족들을 따라다니며 꼬리를 흔들었다. 두 발로 일어서서는 앞발로 내 무릎을 긁었다. 데려가달라는 뜻이었다. 깜지가 가족들을 쳐다보았다. 그러다가 자리에서 벌떡 일어났다.
"깜지가 일어났어."
깜지는 카펫 바깥으로 걸어갔다. 주저앉으려다가 다시 비틀비틀거렸다. 카펫에서 다섯 걸음 정도를 더 걸어갔다. 그곳에 피가 섞인 오줌을 누었다. 카펫에 오줌을 눌 때, 개들은 가장 심한 벌을 받았다. 케이지 안에 갇히는 벌이었다. 적당한 자리에 오줌을 누면 칭찬을 받았다. 깜지는 우리를 보며 보란 듯이 꼬리를 흔들었다. 칭찬을 해달라는 뜻이었다.
깜지의 코에서 피가 흘러내렸다. 깜지의 눈동자가 뒤집혔다. 아빠가 깜지를 끌어안았다. 깜지의 항문에서 피가 쏟아졌다. 아빠의 배 위로 깜지의 피가 주르륵 흘러내렸다. 깜지의 눈동자가 꺼졌다. 깜지는 그렇게 죽었다.

깜지의 밥그릇과 장난감들을 버린 후에야, 나는 깜지의 병에 대해 찾아보았다. 헥헥거리는 것은 열이 나기 때문이며, 열을 식히기 위해 차가운 곳을 찾아다니게 된다고 했다. 부채질을 해주거나 얼음주머니를 만들어서 체온을 내려주어야 한다고 했다. 우리 가족은 반대로 했다.
왜 개가 스스로를 지킬 줄 안다는 걸 알지 못했을까. 왜 내가 개를 지켜야 한다고 생각했을까. 어째서 내가 더 잘 안다고 믿었을까. 개가 산소호흡기를 두려워하고 거절한다는 것을 알고 있었는데 무슨 미련스러움으로 산소호흡기를 강제로 개에게 씌우려고 했을까. 걱정과 염려, 선의와 배려가 종종 폭력으로 둔갑한다는 걸 나는 잘 알고 있었는데. 어째서 나는 내 선의를 무작정 믿었을까.

깜지가 죽고 나서야, 쁘띠는 가족들 곁에 자리를 잡았다. 쁘띠가 질투가 많은 깜지에게 가족들 곁을 양보해왔다는 사실을 우리는 그제야 알게 되었다. 쁘띠는 더는 식탁 밑에서 앞발을 핥지 않았다. 가족들이 거실에 모여 텔레비전을 보고 담소를 나누며 과일을 먹을 때에도 컴컴한 식탁 밑에 웅크려 가족들을 바라보기만 했던 쁘띠였다. 깜지가 가족들의 무릎 위에 앉아 허벅지에 머리를 부비고 있을 때 쁘띠는 식탁 밑에서 몸을 동그랗게 만 채 뚱한 표정으로 커다란 눈만 껌뻑거리고 있었다. 쁘띠가 가족들과 함께 있는 것을 불편해하는 새침데기라고, 우리는 멍청하게도 그렇게만 생각해왔다.

쁘띠는 슬퍼하지 않는 것처럼 보였다. 깜지를 찾아다니지 않았고 울지 않았다. 사료도 간식도 잘 먹었다. 깜지가 죽었다는 사실조차 모르는 것만 같았다.

"아무것도 모르지? 이 바보야."

쁘띠를 쓰다듬으며 나는 말했다. 가족들도 입을 모아 쁘띠가 야속하다고 했다. 짐승이라 슬픔을 느끼지 않는 것만 같다고 말했다. 깜지가 죽고 석 달이 지나자 가족들은 깜지 없는 일상을 어색하지 않게 받아들이기 시작했다. 언니는 나에게 이렇게 말했다.

"개는 천사와 닮았어. 나쁜 추억을 하나도 남겨주지 않으니, 슬픔도 깨끗하게 남는 것 같아."

나도 고개를 끄덕였다. 우리가 깜지를 편하게 애도할 수 있게 되었을 즈음, 쁘띠는 죽었다. 병원에서는 병명을 찾지 못했다. 자기 딸을 따라간 거라고 엄마는 말했지만, 나는 아무 말도 할 수 없었다. 개는 언어로 행동을 대신한 적이 없었다. 나는 그래서 개가 좋았다.

책장에 놓인 포로리 인형을 볼 때마다 나는 반사적으로 울게 되었다. 친구가 인형 뽑기로 뽑아 준 그 인형을 가방에 매달고 집에 갔을 때, 깜지는 포로리를 필사적으로 물고 놓지 않았다. 깜지는 먹는 것보다 인형을 더 좋아했다. 물고 흔들고 두 발로 붙잡고 핥고 찢고 안고 베고 잤다. 인형 눈알이 떨어져 나가고 실밥이 뜯어져 솜이 튀어나오고 보드랍던 인형의 표면이 침으로 빳빳해져버릴 때까지 갖고 놀았다. 친구에게 받은 인형이기 때문에 줄 수 없다며 나도 필사적으로 포로리를 빼앗았다. 깜지가 닿을 수 없는 높은 자리에 포로리를 올려두었다. 깜지는 포로리를 바라보며 한참을 울었지만 나는 끝까지 모른 체했다. 그때 나는 어째서 깜지에게 인형을 줄 생각을 하지 않았을까.

깜지가 죽을 것 같다는 전화를 받았던 우동집은 매일매일 사람들이 줄을 서는 맛집이 되었다. 그곳에서 우동을 먹자는 말을 여러 번 들었지만, 나는 그 우동집에 다시는 가지 않았다. 붓카케우동도 다시는 먹지 않았다. 매해 꼬박꼬박 주문해 먹던 대저 짭짤이 토마토도 먹지 않았다. 죽은 쁘띠가 잠시 갇혀 있던 상자였기 때문이다. 사람들과 어울리지 않고 구석 자리에 앉아 있는 사람을 볼 때에도. 슬픈 일에 슬픈 기색을 보이지 않는 사람을 볼 때에도. 왜 그러느냐고 묻지 않게 되었다.

4부

창작 메모

다른 냄새

누군가 덥석 내 팔을 움켜쥐었다.

"외국인이다."

관광객이라고는 없는 인도의 시골 마을이었다. 혼자 골목을 걸어가던 중이었다. 낯선 냄새와 낯선 풍경 때문에 조금은 두려워하며 주춤주춤 걷던 중이었다. 신기한 동물을 만난 것처럼 소년은 내 팔을 더듬거렸다. 소년의 눈동자는 하얀색이었다. 소년은 미소를 지었다. 연신 내 몸을 더듬었다. 그는 시각장애인이었다. 소년의 엄마가 다가와 소년을 데리고 갔다. 내 몸을 더듬거렸을 때처럼 소년은 더듬더듬 걸어갔다. 아무것도 없는 골목을 만지며 걸어갔다. 소년이 사라지자 궁금해졌다. 내가 외국인이라는 사실을 소년은 어떻게 알아챈 걸까. 나는 아무 말도 하지 않았고, 주변에 사람도 없었는데.

색의 원리에 대해 배운 적이 있다. 빨주노초파남보, 일곱 가지 색깔이 담겨 있는 빛이 사물에 닿는다. 어떤 색의 파장은 사물에 흡수되고, 어떤 색의 파장은 사물에 반사된다. 사물이 빨간빛의 파장을 반사하면, 그 사물은 빨간색으로 보인다. 이때 사물은 빨간빛을 제외한 주황, 노랑, 초록, 파랑, 남색, 보라 빛의 파장을 흡수한 셈이 된다. 마찬가지로 사물이 노란빛을 제외한 모든 색의 파장을 흡수할 때, 사물은 노란색으로 보인다. 서로 다른 색을 가진 빛이 함께 반사되어 다른 색을 만들기도 하지만, '사물에 흡수된 빛'이 아니라 '사물로부터 반사된 빛'이 사물의 색깔을 결정한다. 모든 빛을 흡수한 사물은 검은색으로 보인다. 모든 빛을 거절한 사물은 하얀색으로 보인다. 색의 원리를 배운 후부터 나는 눈에 보이는 색깔을 그대로 믿기 어려워졌다.

사물이 흡수한 빛의 색깔은 시각에서 튕겨 나가고 사물이 거절한 빛의 색깔만을 시각이 인식하는 것처럼, 사회는 개인이 무엇을 거절했느냐에 따라 그 사람을 명명했다. 학교를 거절한 아이는 탈학교 청소년이라고 했다. 일을 거절한 어른은 백수(白手)라고 했다. 빛을 거절하는 눈을 가진 사람은 맹인(盲人)이라고 했다. 맹인의 맹(盲) 자는 눈 목(目)과 잃어버릴 망(亡)으로 이루어진 글자다. 정상이라는 기준으로부터 무엇이 이탈되었는지에 초점을 두고 사회는 그를 호명한다. 다른 점이 있다는 이유로 그들은 사회에 흡수될 수 없는 자, 사회로부터 거절당할 수밖에 없는 자로 취급되기도 한다.

이사를 갈 때마다 이전에 살던 사람이 두고 간 흔적들을 만났다. 찬장에 다닥다닥 붙은 배달 음식점 스티커들이나 화장대 서랍에 들어 있는 드라이 플라워 같은 것들이었다. 살던 사람이 가져가기를 거절한 흔적이었다. 석관동에 자취방을 얻었을 때에는 커다란 창문 가득 나비 스티커가 붙어 있었다. 알록달록 촌스러운 색깔이었다. 그것들을 그냥 내버려두었다.

가로등 불빛만이 희미하게 방을 비출 때였다. 차 한 대가 헤드라이트를 켜고 지나갔다. 나비 스티커는 커다란 그림자를 방 안 가득 드리웠다. 나비 그림자가 벽과 천장을 훑으며 획획 날아다녔다. 잠깐 나타났다가 순식간에 사라지는 마술처럼 보였다. 친구들이 방에 올 때면 창문을 가리키며 "저것 좀 봐. 어때?" 하고 물었다. 네가 붙인 것이냐고 친구들은 되물었다. 아니라고 고개를 저으면, 대부분 떼어버리는 것이 좋을 것 같다고 답했다. 밤이 될 때까지 친구들을 내 방에 있게 했다. 친구들에게 이 마술을 보여주고 싶었다.

차가 지나가는 소리가 들릴 때마다 두근거렸다. 이윽고 헤드라이트가 내 방을 비추면 나비 스티커가 방을 다른 세계로 이끌어 갔다. 벽에 기대 기다리면, 내 몸 위에도 나비 그림자가 생겨났고, 이내 날아갔다. 전에 살던 사람이 두고 간 스티커가 경이로운 선물이 되어갔다.

쓸모에 따라 사물을 판단한다. 쓸모에 따라 사람을 판단한다. 쓸모 있는 사람이 되라고 강요당한다. 그러나 쓸모의 강요가 사라진 자리에 다른 세계가 펼쳐진다.

소년의 눈은 점점 하얗게 변해갔을 것이다. 거절의 시간을 살았을 것이다. 눈이 쓸모를 잃어가는 동안 소년의 다른 감각들이 점점 더 발달했을 것이다. 수없이 더듬거리고 쿵쿵거리며 귀를 쫑긋거렸을 것이다. 소년은 빛 대신 냄새와 소리와 촉감을 구축했을 것이다. 넘어지고 부딪쳤을 것이다. 길이 아닌 곳까지 걸어가보게 되었을 것이다. 마침내 냄새와 소리와 촉감을 색깔처럼 구분해낼 수 있을 것이다. 소년은 다른 방식으로 빛의 세계를 만들었을 것이다. 수년간 내가 삼켜온 음식의 냄새, 내가 흡수하여 내 몸의 일부가 된 냄새를 소년은 보았을 것이다. 모양으로서의 내 모습, 그 이상을 보았을 것이다.

아침에 눈을 뜨면 세계가 쏟아진다. 세수를 하고 양치를 한다. 입을 헹구며 안에 남아 있는 잠을 뱉어낸다. 휴대폰을 열어보며 인터넷에 접속한다. 세계가 조금씩 명명백백해진다. 명명백백한 세계는 명명백백한 세계만을 보여준다. 나는 다른 감각에 대해 생각한다. 손끝으로 더듬거리고 코를 쿵쿵거리고 귀를 쫑긋거리고 싶다. 다른 방식으로 세계를 보기 위해서. 그러다가 덥석, 타인의 팔을 붙잡고 싶다. 이 세계를 두려워하는 사람의 팔을 붙잡고 싶다. 신비한 동물을 만난 것처럼, 나는 그 사람에게 당신에게서 다른 냄새가 난다고 말하고 싶다.

물음표는 떼어버려도 그만

  2011년 그때 나는 아무것도 할 수 없었다. 사고를 당했는데, 두 달 정도는 꼼짝없이 누워 있어야 했다. 병실은 몹시 지루하고 답답한 곳이었다. 다른 환자들로 로비에 앉아 또 다른 환자들과 놀았다. 나는 옥상정원에 가서 잠깐 바람을 쐬는 것으로 지루함을 달랬다. 대부분의 시간을 새하얀 침대에 누워 새하얀 천장만 올려다보며 지냈다. 혼자서 움직이는 게 불가능하다 보니 거의 화분이 된 기분이었다. 종일 꼼짝없이 누워 있을 때면 그림자가 조금씩 움직이는 것을 바라보았다. 문득 손톱을 보면 길게 자라 있었다. 무엇이라도 하고 싶었는데 오래 집중하는 건 어려웠다. 그래서 나는 그때 처음으로 시집을 읽기 시작했다. 이전에도 읽었지만, 제대로 흡수하면서 읽은 것은 그때가 처음이었다. 집중력이 짧아도 한 편은 읽을 수 있었고, 시집을 덮고 침대에 누운 채로도 한두 문장은 정확히 떠올릴 수 있었다. 지저분해진 붕대를 풀고 몸에 박혀 있던 핀을 뽑아낼 때, 재활 치료실에서 파라핀 치료기에 발을 담글 때, 나는 계속 시를 생각했다. 겨드랑이에

목발을 끼고서 걷는 연습을 했을 때에도, 목발을 내려놓고 오랜만에 내 발로 걷던 순간에도, 나는 머릿속으로 시를 쓰고 있었다. 그러다 보니 뼈와 근육을 애써 사용하던 경험과 시를 떠올리던 경험이 겹쳐갔다. 그때 나는 시 쓰기를 일종의 재활이라 여겼을 수도 있다.

 이 짧은 한 문단을 적어두고 나는 방 안을 오래 서성였다. 2014년 가을에 썼던 시론을 찾아 읽어보았다. 시간이 많이 지난 것도 아닌데, 글씨가 바랜 영수증을 지갑에서 꺼낸 것처럼 느껴졌다. 그때 지향하던 시 쓰기와 지금 추구하는 시 쓰기가 같은 사람의 생각처럼 여겨지지 않았다. 문학장에 있던 많은 사람이 그랬을 테지만, 2016년 겨울부터 이전처럼 시를 읽고 쓸 수 없었다. 2011년에는 회복을 위해 내가 무엇을 해야 할지 아주 잘 알고 있었다. 수술을 하고 입원을 하고 재활 치료를 받고 그리고 그 트라우마 속에 빠져 있지 않으려고 시를 읽고 썼다. 그러나 2016년의 나는 나를 위해서는 아무것도 하지 못했다. 세상이 어떻게 바뀌어야 할지는 알고 있었으나 나를 생각할 겨를은 없었다. 내 그림자조차 나는 지켜보지 않았다. 2018년 어느 날, 강변에 나갔다가 사람들이 얇은 봄옷을 입고 있는 것을 보았다. 나만 한겨울 롱 패딩을 입고 봄나들이를 나온 사람들 틈에 서 있었다. 사람들은 조깅을 했고, 돗자리에 앉아 담소를 나누며 음식을 먹고 있었다. 나는 그것을 어리둥절하게 바라보았다. 나 혼자 정체를 알 수 없는 물속에 머리를 넣고 지낸 기분이었다. 집에 돌아와 겨울옷을 정리하면서, 강변의 사람들 중 한 명이 되고 싶다는 생각을 했다. 계절에 맞는 옷을 입고 휴일에는 도시락과 돗자리를 들고서 집을 나서고 싶었다. 그건 너무 쉬웠다. 친구들에게 벚꽃도 볼 겸 한강공원으로 소풍을 가자고 제안했다. 단 한 번의 소풍이었지만, 그때 나는 단박에 달라졌다. 물속에서 머리를 꺼내놓은 결정적인 하루였다. 처음으로 시를 흡수하기 시작했던 순간처럼, 시가 내게 재활이 될 수 있으리라 여길 수는 없었다.

그때부터 나는 예전의 삶을 되찾기 위해서가 아니라, 예전으로 돌아가지 않기 위하여 시를 쓰기 시작했다. 상처가 아물기를 바라면서가 아니라 남아버린 흉터를 바라보면서 썼다. 아물지 않는 상처라는 것이 있다는 것도 쓰면서 알아갔다. '끝'이라는 단어를 자주 생각했다. 모든 이야기가 이미 끝난 것처럼 살아가는 사람은 되지 말자고 마음을 다잡으면서도, 모든 이야기가 끝장나고 새 이야기가 시작되길 은밀히 바랐다. 이후라는 것이 존재할 수 없는 끝에 대해서, 끝에서 살아가는 사람에 대해서, 끝이라는 것이 끝없이 연장되는 사람에 대해서 썼다. 그리고 「끝없이」*라는 시를 썼다. "끝이라는 단어를 생각하면 끝을 붙잡고 끝없이 갈 수 있겠지요?" 2021년, 지금의 나는

*   임솔아, 『겟패킹』, 현대문학, 2020.

이 문장에서 물음표는 떼어버려도 그만이라고 생각할 줄 아는 사람이 되었다. 이것은 시에 대한 나의 가장 정직한 이야기이고 내 시의 궁지에 대한 이야기이다. 하지만 동시에 자부심에 대한 이야기이기도 하다.

매일 밤 운동장

그때 나는 침대에서 일어났다. 매일 그랬다. 행어에 걸려 있는 카디건을 챙겨 입었다. 주머니에 동전 몇 개를 넣었다. 슬리퍼를 신고서 집을 나왔다.

1층까지 내려오면 자그마한 해바라기밭이 보였다. 그땐 해바라기가 없었다. 초봄이었으니까. 여름밤마다 해바라기들은 일제히 가로등을 쳐다보았다. 내 귀가가 늦어질 때면 부모님은 그곳에 서서 가로등을 켜왔다. 그해 여름에도 해바라기는 미친 듯한 속도로 자라날 것이었다. 밤새도록 가로등을 쳐다보던 해바라기는 겨울이 되기 전에 다 죽을 것이었다. 나는 가로등을 향해 걸어갔다. 가로등에 달려 있는 박스를 열고 수동 스위치를 아래로 내렸다. 가로등이 꺼졌다.

해바라기밭을 등지고 서면 회덕빌라가 있었다. 3층에는 효진이가 살았다. 나와 효진이는 같은 초중고를 다녔다. 중학교 2학년 때까지는 아침마다 효진이 집에 갔다.

초인종을 누르면 효진이 엄마가 문을 열어주었다. 효진이는 잠옷 차림으로 아침을 먹고 있었다. 효진이 엄마는 등교하는 딸과 출근하는 남편을 배웅했다. 효진이와 효진이 아버지 볼에 차례로 입을 맞추었다. 우리 가족 사랑해 잘 다녀와. 엄마 아빠 사랑해요 학교 다녀오겠습니다, 같은 인사를 매일 주고받으며 서로에게 손을 흔들었다. 비슷한 모양의 미소가 세 사람의 얼굴에 가득했다. 과장처럼 보였다. 연극적인 구석이 있었다.

학교에서도 아무것도 아닌 일에 효진이는 웃음을 터뜨렸다. 공익광고에 나오는 청소년을 흉내 내는 것 같았다. 나는 중학교 3학년이 되면서부터 효진이 집에 가지 않았다. 언젠가부터는 학교에서 마주쳐도 효진이와 인사하지 않았다. 감정이 상해서는 아니었다. 매일매일 서로를 기이하게 생각해왔다는 것을 각자가 눈치챘을 뿐이었다. 효진이 또한 내가 사춘기 특유의 삐딱한 시선이나 고독을 연기하고 있다고 느꼈을지 몰랐다. 밤 12시에 집을 나와 슬리퍼를 질질 끌며 걸어 다니는 것이 나의 연극이라면, 매일 밤 자기 방에서 프릴 잠옷을 입고 곤히 잠드는 것은 효진이의 연극이었다. 그런 것이 연극이라면, 나만큼이나 효진이도 천연덕스럽게 연극을 하고 있었다.

효진이 집을 지나치면 한쪽 줄이 끊어진 그네와 물이 나오지 않는 약수터가 있었다. 약수터 앞에는 우물터가 있었다. 우물터라지만 동그란 맨홀 뚜껑 하나가 놓여 있을 뿐이었다. 그 뚜껑을 밟지 말라고 엄마는 말했다. 우물을 그대로 둔 채 뚜껑만 대충 덮어놓은 거여서 빠질지도 모른다고 했다. 나는 일부러 맨홀 뚜껑을 밟고 지나갔다. 그 위에서 점프도 했다. 내 발소리가 텅텅 울렸다. 내 발소리는 그 자리에서만 크게 공명했다.

우물터를 지나치면 신애 집이 있었다. 신애 집을 지나치면 자영이 집이 있었다. 이제는 인사하지 않는 친구들이다. 불이 켜져 있을 때면 그 앞에 멈춰 섰다. 목소리가 들려오거나 실루엣이 보이기도 했다. 나는 쉽게 알아차렸다. 누구의 목소리이고 실루엣인지. 내 옛 친구인지 친구의 형제인지 부모인지. 자영이 집 창문까지 깜깜해지면 다시 걸었다. 버스 노선을 따라가면 금세 마을 외곽이었다. 휑뎅그렁한 평지에 이가촌가든과 두리예식장이 있었다. 두레마을 아파트 공사장이 있었다. 그것 말고는 아무것도 없었다.

세번째 정류장에서 오른쪽으로 꺾으면 가파른 언덕과 다른 마을이 나왔다. 문구점과 철물점, 만화방과 PC방, 세탁소와 이발소가 다닥다닥 붙어 있었다. PC방에서는 애향이 엄마가 아르바이트를 했고, 세탁소는 보화 언니 부모님이, 슈퍼는 준표 오빠 할머니가 운영했다. 자식들의 말에 따르면 부모들은 천사거나 개새끼였다. 그들의 자식들도 천사거나 개새끼였던 셈이지만, 부모들은 그 사실을 믿지 않았다. 개새끼가 운영하는 가게든 천사가 운영하는 가게든 불 꺼진 가게들은 비슷비슷해 보였다.

언덕 꼭대기까지 올라가면 도로가 나왔다. 도로를 중심으로 왼쪽은 마을, 오른쪽은 산이었다. 산의 반을 깎아서 마을을 만들었다. 그 산 중턱에 학교 후문이 있었다. 말만 후문이고 문은 없었다. 담장 한 귀퉁이가 무너진 곳을 우리들은 후문이라 말했다. 나는 후문을 통해 학교 안으로 들어갔다.

새벽 1시가 넘어가고 있었다. 나는 운동장을 사선으로 가로질렀다. 멀리 은행나무 두 그루가 보였다. 나무 아래 자판기가 켜져 있었다. 나는 자판기에 동전을 넣었다. 종이컵을 꺼내어 자판기 옆 벤치에 앉았다. 온 동네 가로등이 일시에 꺼질 때까지. 나는 그곳에 가만히 있었다.

자판기 때문이라고 했다. 동전을 넣으면 담장처럼 더 환해졌다. 자판기 속에 손을 넣으면 컵이 잡혔고, 컵은 사람의 손처럼 따뜻했다. 커피를 마시면서 앉아 있었다. 커피를 다 마시고 나서도 앉아 있었다. 나는 그렇게 엄마에게 말했다.

　보일러실 쌀통 뒤. 옆 동네 아파트 옥상 계단. 학교 방송실 안 자재 창고. 상담실 옆 화장실. 학원 뒤쪽 농구대. 서대전사거리 교보문고의 오후 4시. 나는 사람이 없는 곳을 찾았다. 아무도 찾지 않아서 그 공간은 내 공간처럼 느껴졌다. 아무도 찾지 않아서 내가 나처럼 느껴졌다. 그래서 그곳에 가게 된 것뿐이었다. 나는 그렇게 언니에게 말했다.

　은행나무 때문이라고도 했다. 오래 산 은행나무 두 그루가 거기에서 계속 오래오래 살고 있었다. 나뭇가지를 세는 동안 나뭇가지가 점점 늘어났다. 나뭇가지를 다시 세려고 밤마다 집을 나와 그곳에 걸어갔다. 나는 그렇게 아빠에게 말했다.

　가족 때문이라고도 했다. 친구 때문이라고도 했다. 계절 때문이라고도 했다. 우울증이나 불면증, 외로움이나 그리움 때문이라고도 했다. 심심함이나 무료함 때문이라고도 했다. 왜 그 시간에 거기에 있었는지를 답해야 할 때마다 이유가 달라졌다. 나는 내 앞에 앉아 있는 사람을 살폈다. 그 사람이 가족을 좋아하면 가족 이야기를 했다. 감정을 기대하면 감정을 이야기했다. 왜라고 물었던 사람이 또다시 왜라고 물어보지 않을 만한 대답을 골라 말했다. 어떤 대답도 거짓은 아니었지만 진실도 아니었다. 나는 그곳에 이유가 있어서 찾아간 것이 아니었다.

  나무도 운동장도 학교도 까맸다. 벤치에 앉아 있다가 교실의 불을 하나씩 켜보는 날도 있었다. 1학년 4반의 불을 켰다. 창가 책상에 내가 앉아 있었다. 창밖을 쳐다보고 있었다. 주머니 속 라이터를 만지작거리고 있었다. 담배를 피워서는 아니고, 남몰래 라이터를 갖고 있으면 종일 말 한마디 하지 않더라도 하루가 덜 지겹기 때문이었다. 너무 지겨운 날에는 책상에 앉아 주머니 속에서 라이터를 켜보기도 했다. 찰칵. 찰나의 순간이어서 교복에 불이 붙지는 않았다. 불빛이 교복 섬유 사이사이를 뚫고 나왔다. 내 옆구리에서 불빛이 터지는 것 같았다. 나는 주변을 둘러보았다. 아무도 알아채지 못했다. 그게 좋았다.

  방송실 불을 켰다. 안쪽 자재 창고에 내가 있었다. 어째서 내가 방송반이 되었는지는 나도 알지 못했다. 방송반 담당 선생이 찾아와 네가 키가 크니까 방송반을 하라고 말했다는 것만 기억했다. 점심시간마다 스피커에서 흘러나오는 식상한 노래를 바꿔 틀 수 있을 거라 생각했다. 거리의 시인들이라는 밴드의 노래였는데, "야야야야야야야야야, 너 까불래, 맞을래"라는 가사가 무한히 반복되었다. 그 노래는 아무도 좋아하지 않았다. 점심시간마다 듣다 보니 너도나도 숟가락을 들고 따라 부르고 있었다. 방송반이 되었어도 그 노래는 바꿀 수 없었다.

2학년 4반 불을 켰다. 창가 책상에 앉았다. 교과서를 펼쳐놓고 그 밑에 노트를 숨겨두고서 교환 일기를 썼다. 교환 일기 같은 건 유치하다고 말해왔으면서, 교환 일기를 쓰는 게 기뻐서 어쩔 줄을 몰라 했다. 사탕 껍질이나 꽃잎 같은 것들을 붙여가며 교환 일기를 꾸몄던 친구들의 솜씨를 부러워했다. 알록달록 열심히 색칠할수록 어딘가 많이 부족해 보였다. 교환 일기는 보름을 넘기지 못했다. 유행이 지나가고 러브장의 유행이 시작됐다. 나는 혼자서 교환 일기를 썼다. 검은 글씨만 빼곡해졌다. 교환 일기는 내 일기장이 되었다.

상담실 불을 켰다. 무릎을 꿇고 앉았다. 어째서 내가 상담실에 오게 되었는지는 나도 알지 못했다. 등교 시간마다 정문을 지키고 있던 학생주임이 네가 키가 크니까 편지를 써 오라고 말했다는 것만 기억했다. 무작위로 학생들을 잡아내 자신에게 편지를 써 오라고 시킨다는 것은 나중에야 알았다. 편지를 쓰는 것이 부당하다는 내용의 편지를 썼다. 그 후로 청소 시간마다 상담실에 가게 되었다. 학생주임은 나를 아낀다고 했고, 나를 때렸고, 나를 뒤에서 껴안았다.

내가 앉은 벤치 옆자리에도 내가 있었다. 나는 나를 쉽게 알아차릴 수 있었다. 불 켜진 친구의 집을 쳐다보듯이. 친구의 실루엣을 쉽게 알아채듯이. 그건 나라기보다 연락이 끊어져버린 친구인 것 같았다. 불을 모두 끄면 아무도 없었다. 텅 빈 학교와 텅 빈 운동장. 은행나무 아래에 나 혼자 있었다.

그곳에서 가장 시끄러운 것은 나뭇가지였다. 나뭇가지들이 서로 부딪치는 소리가 쉴 새 없이 들렸다. 머리 위의 나뭇가지들을 보았다. 학교 너머를 보았다. 학교 너머에는 산이 있었다. 나무들도 있었다. 나뭇가지 흔들리는 소리가 산을 메우고 있었지만 나무들은 보이지 않았다. 드문드문 하얀 벚나무만 귀신처럼 보였다. 벚나무에서 꽃잎들이 펄펄 쏟아졌다. 그렇게나 많은 꽃잎이 떨어지는데 그렇게나 많은 꽃잎이 아직도 그곳에 있었다.

고개를 들고 별들을 보다가 고개를 숙이고 돌들을 보았다. 자갈밭의 돌멩이들이 어둠 속에서 반짝였다. 뾰족한 돌 하나를 주워서 주머니에 넣었다. 그 돌이 따뜻해질까 봐 다시 원래의 자리에 돌려놓았다.

벤치에서 일어나 운동장을 빙글빙글 돌았다. 우뚝 멈춰서서 점프도 해보았다. 우물터 맨홀 뚜껑 위를 걸을 때처럼 내 발소리가 운동장에 텅텅 울렸다. 동그란 운동장이 커다란 우물처럼 느껴졌다.

가끔은 벤치에 누워 잠에 들었다. 가랑비가 내렸다. 잠에서 깼을 때 돌들은 젖어 있었다. 운동장 여기저기에 자그마한 물웅덩이가 생겼다. 빗소리가 사방에서 들려왔다. 수천 개의 물방울이 어딘가에 부딪히는 소리에 나뭇가지들이 환호하고 있었다. 나는 추웠다. 집에 가고 싶다는 생각이 들었다. 따뜻한 물로 샤워를 하고 두꺼운 솜이불 속으로 들어가 잠을 자고 싶었다. 이제 여기에 오지 말까 하는 생각과 함께 조금 더 기다리고 싶다고 생각했다. 대체 무엇을 기다린다는 거였을까.

이후로도 나는 매일 밤 그 자리에 앉아 있었다. 기다리고 있다는 것을 그때는 인식했다. 내가 기다리고 있는 것이 도대체 무엇인지는 알지 못했다.

한자리에 앉은 채로 겨울이 지나갔다. 봄이 지나갔다. 몇 개월이었지만 그 시간들을 시계의 시간으로는 측정할 수 없다. 팬지와 금잔화가 피고 졌다. 벚꽃이 피고 졌다. 개구리가 울다 말았다. 장미가 피었다. 나는 그것들을 지켜보았다. 그리고 나는 만날 수 있었다.

그것은 새까맣고 커다랗고 울퉁불퉁했다. 나무 아래에 저런 돌덩이가 있었던가. 나는 조심조심 다가갔다. 돌의 두 눈이 번쩍였다. 통통한 앞다리로 자기 배를 받치고 있는 두꺼비 한 마리가 나를 쳐다보았다. 두꺼비는 움직이지 않았다. 나는 두꺼비 옆으로 다가갔다. 두꺼비가 고개를 돌렸다. 내가 움직일 때마다 두꺼비는 나를 따라 고개를 돌렸다. 두꺼비가 길을 잃었을지도 모른다는 생각이 들었다. 내가 가만히 있으면 두꺼비가 내게서 눈을 거둘 거라 생각했다. 그리고 제 갈 길을 갈 것 같았다. 두꺼비가 떠날 때까지 두꺼비를 지켜보기로 했다. 바람이 불었고 시간이 흘렀다. 두꺼비는 가만히 있었다. 나도 가만히 있었다. 우리는 눈싸움을 하는 것처럼 오래도록 마주 보았다.

몇 시간이나 지났을까. 나는 작은 돌멩이를 주워 들었다. 두꺼비 앞쪽으로 던졌다.
"집에 가."
두꺼비는 움직이지 않았다. 나는 두꺼비에게 더 가까이 다가가 돌을 던졌다. 두꺼비는 움직이지 않았다. 더 큰 돌을 던졌다. 더 큰 돌보다 더 큰 돌을 던졌다. 나중에는 두꺼비 몸통만 한 돌덩이를 집어 던졌다. 그때에도 두꺼비는 꿈쩍도 하지 않았다. 묵직한 돌덩이가 두꺼비 등에 떨어져버린 건 한순간이었다. 둔탁한 소리가 났다. 두꺼비는 네 다리를 쭉 뻗고 납작해졌다. 납작해진 채 움직이지 않았다. 나는 움직일 수 없었다. 바람이 불었고 시간이 흘렀다. 두꺼비가 일어나지 않았다. 집에 가고 싶어졌다. 조금 더 기다려야 한다는 생각도 들었다. 두꺼비가 움직였다. 한없이 느적거리며 두꺼비는 몸을 일으켰다. 이전과 똑같은 자세를 잡고서 다시 나를 쳐다보았다.

나는 울 지경이 되었다. 두꺼비처럼 입술이 일그러져갔다. 눈에서 눈물이 뚝뚝 떨어졌다. 두꺼비가 나를 다시 똑같이 쳐다보아서 다행이었다. 구름 그림자가 운동장에 내려앉아 있었다. 온 운동장이 두꺼비처럼 얼룩덜룩해져 있었다. 그것이 내가 기다려온 무언가라는 것을 알았다.

해바라기밭에서는 해바라기가 피었다 죽었다. 새 친구를 사귀었고 새 친구와 멀어졌다. 나는 지금도 아침까지 잠을 자지 않는다. 방에 앉아 있다가 창밖을 본다. 불 꺼진 건물이 보인다. 창문의 불을 하나씩 켜보기도 하고 꺼보기도 한다. 방을 빙글빙글 돌다가 점프하기도 한다.

왜 밤에 잠을 자지 않느냐고 누군가가 물으면, 시를 쓴다고 답한다. 아무리 밤을 새워 간절하게 써도 남아 있는 건 꿈쩍 않는 두꺼비뿐이다. 한없이 느적거리고, 아무리 뜯어봐도 전혀 사랑스럽지 않다. 대단할 리도 없고 아름다울 리도 없다. 그럼에도 좋다. 왜 좋으냐는 질문에 답할 수는 없다. 시로 답할 수는 있다. 두꺼비와 두꺼비가 마주 보는 방식으로. 두꺼비가 두꺼비를 기다리는 방식으로.

나자로여 나오너라

그때 나는 수시로 이름을 바꾸며 살았다.

열아홉 살 봄, 고등학교를 그만두고 알바를 구할 때였다. 미성년자라고 하면 점주들은 고개를 저었다. 거짓 나이를 지어내면서 거짓 이력을 지어냈고 거짓 이름도 지어냈다.

나는 경기도 사람이었다가 강원도 사람이었고, 광주 사람이었다가 창원 사람이었다. 사범대 휴학생이었다가 여상 졸업생이었고, 경영학과 재학생이었다가 유학 준비생이었다. 부모님은 과학 교사였고, 농부였고, 태권도 사범이었다.

가짜 이름에 익숙해질수록 생활은 편안해졌지만 진짜 나는 희미해졌다. 가짜 이름에 대해 늘어놓는 거짓말에 능숙해질 때면 일자리를 바꿨다. 이름을 바꾸고 이력을 바꾸기 위해서였다. 거짓 이름이 나마저도 속이는 기분이 영 별로였다. 두려웠다. 내가 아닌 다른 사람으로 살던 그 시절, 나를 잊지 않기 위해 무던히도 애썼다. 그러나 잊지 않으려 했던 나 자신이 누구인지 잘 알 수도 없던 시절이었다. 잊지 않으려면 집중해서 붙잡고 있어야 할 무엇인가가 필요했다. 떠올릴 만한 것이 없었다. '임솔아'라는 이름이 있었지만, 그 이름은 나를 뜻하는 이름이라기보다 부모님이 나에게 부여한 이름일 뿐이란 생각에, 내 이름이 가장 낯설었다. 내가 알던 나를 잊어버릴지도 모른다는 두려움 때문에 책을 읽었고 글을 썼다. 그러다 이 문장을 발견했다.

나자로여 너는 잠자고 있는가.*

누구인지 몰라도, 어쩌면 모르기 때문에 나자로가 좋았다. 나는 혼자 중얼거렸다. '나자로여, 너는 잠자고 있는가.'
알지도 못하는 나자로를 부르는 몇 년이 지나서야, 나자로에 대해 알아보기 시작했다. 예수가 행한 일곱번째이자 마지막 기적이 죽은 나자로를 되살려낸 것이었다.

> 큰 소리로 나자로여! 나오너라 부르시니 죽은 자가 수족을 베로 동인 채로 나오는데 그 얼굴은 수건에 싸였더라 예수께서 가라사대 풀어 놓아 다니게 하라 하시니라
> ──『요한복음』11장 부분

* 앙리 미쇼의 시 「Lazare, tu dors?」.

나자로의 부활을 작품에 담은 화가는 수도 없이 많았다. 렘브란트는 나자로를 시체와 다름없이 표현했다. 사람들은 예수가 행한 기적에 놀라움을 금치 못하는 동시에, 나자로의 몰골 때문에도 놀라움을 금치 못했을 것이다. 부활한 이후에 나자로는 어떻게 살았을까. 부패해버린 몸은 회복되었을까. 회복하지 못했다면, 부패한 채로 악취를 풍기며 살아가게 되었을까. 죽었다가 살아난 자는 어떻게 다시 온전하게 죽을 수 있을까. 나자로는 유일하게 부활한 사람이었다. 신의 아들이었던 예수는 죽었고, 부활을 했고, 하늘로 갔다. 인간의 아들이었던 나자로는 썩어버린 몸을 회복했다는 기록도, 하늘에 갔다는 기록도 없었다. 부활 이후 나자로의 삶이 나는 미치도록 궁금했다.

살고 있으면서도 죽은 것처럼 느껴질 때, 죽은 내가 나를 찾아올 것만 같은 밤에, 나를 찾아오는 나를 숨죽여 기다리면서, 죽은 나자로가 걸어오는 장면을 계속해서 상상했다. 나자로의 피부는 썩어가는 과일처럼 물컹물컹하고, 그의 몸에서는 구더기가 후드득 떨어져 내린다. 그는 내가 상상할 수 있는 가장 끔찍한 인간의 모습을 하고 있었으나, 인간에게 일어날 수 있는 가장 위대한 기적을 보여주고 있기도 했다. 도스토옙스키의 『죄와 벌』에서 만난 소냐도 나자로를 반복해서 상상하고 있었다. 끔찍한 나자로를 상상하는 소냐는 이야기의 끝까지 끔찍한 인간들 곁에 남아 끔찍한 인간들을 사랑했다.

　내게 시를 쓴다는 것은 죽어 있는 것처럼 보이는 사물과 사람 들이 컴컴한 동굴에서 조금씩 걸어 나오는 것이다. 시를 쓸 때마다 주문처럼 중얼거린다.

　'나자로여, 너는 잠자고 있는가. 나자로여! 나오너라.'

닿을 수 없음에 다가가기

오랫동안 정신 질환을 앓고 있는 이모가 있어요. 왜 이모가 정신 질환을 앓게 되었는지, 아무도 그 이유를 말해주지 않았어요. 최근 몇 년 사이에 엄마가 저에게만 그 이유를 말해주었어요. [……] 이모의 삶을 듣고 나서, 왜 그동안 아무도 말해주지 않았는지를 이해하게 되었어요. [……] 엄마가 제게만 그 연유를 설명해준 이유에 대해 오래오래 생각해요. 친동생이 어째서 아프게 되었는지, 어떤 폭력에 얼마나 심각하게 노출되었는지, 그 앞에서 모두가 얼마나 무방비했는지, 평생 회복될 수 없는 상처가 어떤 방식으로 아직까지도 영향을 끼치는지, 누군가는 반드시 알아야만 한다고, 이 이야기를 제게 전달해야만 한다고 엄마는 느꼈을 거예요. 아무에게도 말해본 적이 없다고, 제가 글을 쓰는 사람이기 때문에 이 이야기를 들려준다고 엄마는 말했어요. 그리고 언젠가 꼭

이 이야기를 써달라고 부탁했어요.

　2017년, 한 출판사와 인터뷰를 하며 나는 말했다. 스물네 살 때 나는 이모를 처음 만났다. 내 기억에 의하면 그랬다. 내 이름을 듣고서 그는 고개를 갸우뚱거렸다. 나를 '알고 있다'고 했다. 그리고 그가 기억하는 나에 대해 이야기하기 시작했다. 혼자서 양말을 신을 수 없었던, 이모에게 이모라고 말할 수도 없었던, 아주 어린 나에 대한 이야기였다. 그러니까, 내가 누군가를 기억할 수 없을 정도로 아주 어렸을 때에만 그와 나는 만난 것이다. 그리고 20년 이상의 시간이 지났을 때, '이제 이모의 이야기를 들어도 되는 나이가 되었다'는 판단을 내 어머니가 내리게 되었을 때, 그제야 우리는 다시 만난 것이다. 겨울잠을 자는 동물처럼, 한 사람의 이야기가 동굴 밖으로 빠져나오기까지 오랜 시간이 걸릴 때가 있다. 어떤 역사―개인의 서사는 비가시화된 채로 일종의 잠복기를 거친다.

　　피정복자의 역사는 승리자의 역사에 필연적으로 자신의 것을 강요하게 되는데, 그 이유는 전자가 '역사의 경험'을 더 정직하게 표현하기 때문이다. 노예, 피식민지인, 종속된 자, 억압받는 자, 생존자, 사고 피해자, 난민 등은 모두 피정복자의 구체적인 이미지이고, 이들의 역사

는 사라지기는커녕 그 후손에게서 생생히 되
살아난다.*

"그 후손에게서 생생히 되살아난다"라는 문장에 나는
주목했다. 왜 하필 '후손'이었을까. 신뢰할 수 있는 청자이
기 때문일 것이다. 바꿔 말하자면, 신뢰할 수 있는 청자가
후손 외에는 없다시피 했기 때문일 것이다.

그렇다면, 후손이 없는 자들의 말은 어떻게 되었을까.
작년 봄, 근대 여성 작가인 지하련의 작품을 리라이팅해
보면 어떻겠느냐는 청탁을 받았다. 우선 그의 소설을 받
아 읽은 후, 사전 조사를 위해 관련 논문을 검색했다. 최
근 5년 전후로는 여성주의적 시각으로 씌어진 논문들을
꽤나 찾을 수 있었지만, 1990년대 이전에 지하련 작가를
본격적으로 다룬 논문은 거의 없다시피 했다. 그나마 있
는 논문도 남편인 임화 작가와의 관계를 통해 해석되거
나, 소설 속 남성 등장인물이 겪는 고뇌를 중심으로 다뤄
져 있었다. 그 남성 인물을 지하련 작가가 어떻게 바라보
는지, 작가의 시선에 대해서는 삭제되다시피 했다.

지하련의 냉정한 관찰력은 식민지 지식인의
무력한 고뇌를 꿰뚫는 데 그치지 않는다. 그녀

* 디디에 파생·리샤르 레스만, 『트라우마의 제국』, 최보문 옮김,
바다출판사, 2016, p. 41.

의 작품에는 남성의 허위의식을 간파하는 여성의 시선이 공존한다. [……] 그럼에도 지식인의 초상만이 문학사적으로 가치 있는 주제라는 양 바라보는 것은 식상한 일이다.*

다시 말해, 여성 작가들의 소설 또한 제대로 읽히기까지 일종의 '잠복기'를 거친 것이다(여전히 이 작품들은 잠복기라고 언급해야 할까).

억압받은 자들의 말은 발화자의 입에서 한 번, 청자의 귀에서 한 번, 시대로부터 한 번, 총 세 번 저지당한다. 지하련 작가의 경우처럼 그 의도가 해석자에 의해 삭제되거나 곡해된다.

최근 몇 년 사이에 여성을 주인공으로 하는 역사소설이 눈에 띄게 늘어났다. 엄마, 이모, 할머니로 이어지는 이 소설들이 지금에야 속속들이 나타나는 것은 결코 우연이 아니다. 지금 이 시대의 여성들 안에는, '잠복기'를 거친 여성들의 이야기가 켜켜이 쌓여 있는 것이다(여성 3대 소설을 쓸 예정이라는 강화길 작가는 "자라면서 알게 되잖아요. 엄마들의 역사를"**이라 말한 적 있다). 그리고 독자라는

---

* 심완선, 「[세계 여성의 날]—문인 지하련」, 국제앰네스티 2018년 3월 8일 자(https://amnesty.or.kr/24500/).
** 강화길 인터뷰, 「언젠가 당신은 당신의 이야기를 하게 될 것이다」, 『우먼카인드』 15호, 바다출판사, 2021.

'시대'를 만날 준비가 이제야 된 것이다.

  그러나 나는 이모에게서 그의 이야기를 직접 들은 바 없다. 내가 모르는 '나'에 대해서만 들었을 뿐이다. 이모의 이야기를 나에게 전해준 것은 어머니였고, 그것 또한 직접 목격한 것이라기보다는 추적기에 가까웠다. 이 추적기 또한 핵심적인 부분은 비어 있었다. 당사자의 언어가 부서져 있었으므로, 파악이 불가능했기 때문이다.

  황정은 작가는 연작소설 『연년세세』를 출간하며 다음과 같이 언급했다. "말을 잘 못하시더라고요. 평소엔 말을 잘하시는 분들이거든요. 특히 한국전쟁과 이후 몇년에 대해서는 말씀을 잘 못하셨어요. 술어를 말하지 못할 때가 많았고. 제 얼굴에서 말을 찾으려는 것처럼 저를 열심히 쳐다보면서 말하려고 노력하는데 말을 잘 찾지 못하셨어요."[***]

  나는 이모와 혈육일 뿐, 이모 자신이 아니다. 어머니 또한 마찬가지다. 완벽한 이해도 공감도 불가능하다. 그렇기 때문에 청자들이 적어가는 소설은 그것을 겪었던 자들의 이야기가 될 수 없다. 이모가 주인공으로 등장하는 소설을 쓴다 해도 그것은 이모의 이야기가 아니다. 나와 이

[***] 황정은 인터뷰, 「황정은 "잘 모르면서 바라고, 이어지는 삶"」, 『채널예스』 2020년 10월 23일 자(https://post.naver.com/viewer/postView.naver?volumeNo=29776302&memberNo=1101&vType=VERTICAL).

모 사이에 놓여 있는, 닿을 수 없는 공간에 대한 고민이 소설을 채워나갈 수밖에 없다. 오카 마리는 『그녀의 진정한 이름은 무엇인가』에서 "나의 눈앞에 주어진 타자의 고통을, 동일화에 의한 '공감'이 아니라 그와는 다른 '공감'의 말을 찾는 것"*이 중요하다 말한다. 다른 '공감'이란 무엇일까? 무엇으로 빈 공간을 채워나갈 것인가? 이 상상력에 대한 방향이 여성 역사소설의 핵심이 될 것이다.

---

* 오카 마리, 『그녀의 진정한 이름은 무엇인가』, 이재봉·사이키 가쓰히로 옮김, 현암사, 2016, p. 218.

할머니가 읊은 아주 긴 시

 시인이 시에 대해서 쓴 글을 읽을 때 나는 불편해진다. 시론을 쓰라고 요구받을 때에도 가슴이 갑갑하다. 시를 쓰는 내가 우선으로 선택할 이야기는 시에 대한 것이 아닐 것 같기 때문이다.

 그럼에도 시에 대해 골몰하는 시간을 보낸다. 시란 무엇인가에 대해 24시간 생각할 때도 있다. 시의 가능성과 효용성에 대해. 구조적인 것과 기술적인 것에 대해. 그러나 시에 대한 내 생각들을 전면적으로 적고 싶지는 않다. 시에 대해 말하고 싶어서 시를 써본 적은 없기 때문이다. 앞으로도 그런 글을 안 쓸 수 있으면 좋겠다. 시에 대한 글이 아니라 삶에 대한 시를 쓰고 싶다. 삶과 삶의 아이러니만이 시가 될 수 있다고 나는 믿는다. 시뿐만 아니라 내가 쓰는 모든 글의 핵심을 삶을 위한 자리에 내주고 싶다. 내 시의 가능성과 효용성은 내 시를 읽는 타인에게 온전히 양도하고 싶다.

 일상 속에서 시의 파편과 마주칠 때 나는 그것을 시라고 생각하며 줍는다. 시가 위대한 예술일 수 있다면, 그것은 시가 위대해서가 아니라 궁핍한 일상의 파편에서 위대한 면모를 엿볼 수 있기 때문이다.

할머니는 돌아가시기 10년 전쯤부터 밤만 되면 방에 앉아 누구도 알아들을 수 없는 말을 혼자 중얼거렸다. 그 중얼거림에는 정확한 서사가 없었다. 그 말은 알아들을 듯 못 알아듣는 이상한 말이었다. 아이의 옹알이와 교회의 방언과 환자의 끙끙댐과 여인의 울먹임과 조금씩 닮아 있었다. 친척들은 그 중얼거림을 세상에 쏟아내는 '저주'로 들었다. 아버지는 가장 그리워하는 손자를 부르는 '호명'으로 들었다. 나는 그것을 할머니가 저 혼자 생의 누추함을 견디며 쏟아내는 '기도'로 이해했다. 어떤 종류로 해석되든, 그것은 목숨이 꺼져가는 이에게 마지막까지 남아 있던 아주 집요하고 무서운 에너지였다. 중얼거림이 멈춘 지 얼마 되지 않아 할머니는 돌아가셨다. 할머니가 아주 긴 시를 읊었다고 나는 생각한다. 친척들 누구도 달가워하지 않았던 시였고 가족들 모두를 불면에 시달리게 한 시였다.

"무슨 뜻이에요?" 누군가 할머니에게 물었다면, 할머니의 대답은 어떠했을까. 자기 가슴을 쥐어뜯으며 설명 없이 몸으로 대신 말했을 것이다. 내게 시가 이와 비슷하다. 의미를 담보하지 않는다. 그 자체로 실존이다.

누군가는 시를 살고 누군가는 시를 쓴다. 나는 후자가 되어 있다. 시를 사는 것보다 시를 쓰는 게 더 낫다고 생각해서는 아니다. 나는 시를 씀으로써 문장을 선택할 수 있게 된다. 어떤 문장은 버리고 어떤 문장은 기다리고 종내는 어떤 문장을 지지하여 선택한다. 살면서 쓴 나의 시와 내가 아직 살아보지 않은 미지가 조우하는 과정이다. 이 조우는 삶과 삶 너머의 경계를 넘나든다. 나는 삶의 진짜 풍경을 잠시 알아챈다. 그 풍경이 세계 너머에 있지 않고 이미 삶 안에 깃들어 있음은 시를 써야 느낄 수 있다. 그러니 나는 시에 대해 말하지 않고 삶에 대해 시를 써야 맞다.

창작 메모 1

 지구가 서양배처럼 생긴 타원형이라는 문장을 처음 읽었을 때 나는 여덟 살이었다. 그때 나는 지구가 어떻게 생겼는지 제대로 알았다기보다 서양배가 무엇인지 골똘히 생각했다. 서양배라는 것이 도대체 무엇이며 동양배와 어떻게 다른 것인지. 서양배는 어떻게 생겼으며 얼마나 클지. 언젠가 꼭 서양배를 먹어보고 싶다고 생각했다.

창작 메모 2

 누군가에게 전화를 걸어 어디냐고 물을 때, 다 왔다는 뜻으로 상대방이 "이제 건너편이야"라고 답할 때가 있다. 여전히 멀다는 뜻으로 "아직 건너편이야"라고 답할 때도 있다. 어느 쪽이든 나는 건너편을 보게 된다. 그럴 때 건너편은 내 생각보다 얕거나 깊은 물속같이 느껴진다. 건너편 사람과 눈이 마주친다면, 둘 중 하나가 손을 들 것이다. 나머지 하나도 곧 손을 들겠지.

창작 메모 3

　엄마의 이름을 일부러 틀리게 적곤 했다. 'ㅁ'을 교묘히 둥글게 그렸다. 부모의 이름을 적어 학교에 제출해야 했던 날, 담임이 큰 소리로 나를 불렀다. 담임은 손가락으로 엄마의 이름을 짚었다. 이게 미음인지 이응인지 물어보았다. 나는 이응이라 답했다.
　"정덕. 맞아?"
　나는 고개를 주억거렸다. 방귀 소리만 들어도 서로를 놀려대던 때였다. 엄마 이름이 '점덕'인 걸 알면 아이들이 놀릴 것이 뻔했다. 몸에 점이 있느냐는 디테일한 질문이 이어질 거였다. 자라면서 자연스럽게 사라졌지만, 태어났을 때에는 엄마의 손등에 큰 점이 있었다고 한다. 그래서 '점덕'이 되었다고 한다.
　엄마도 자기 이름을 못마땅해했다. 엄마는 친구를 따라 작명소에 갔다가, 점 점(点) 자가 사람의 이름에는 사용하지 않는 불용 문자라는 얘기를 들었다. 작명소 사장의 말에 따르면, 엄마는 이름 때문에 부모 운이 없었다. 이름 때문에 고독했으며 이름 때문에 근심이 잦았다. 이름 때문에 몸이 자꾸 아팠다.

 엄마는 개명을 고민했다. 그러다가 법적 개명보다 누군가가 다른 이름으로 엄마를 불러주는 것이 더 중요하다는 말을 들었다.

 마트 입구에서였다. 1등에 당첨되면 고급 세단을 준다는 경품 행사에 참여하기 위해 응모권에 인적 사항을 적던 참이었다. 이름 칸에 엄마는 썼다.

 원영.

 그렇게 썼다가는 당첨이 된다 해도 취소 처리가 되어버릴 거라고 나는 걱정했지만, 그런 법이 어딨느냐며 엄마는 막무가내로 고집을 부렸다. 발표 날 엄마의 이름이 불린 적은 없었다. 그래도 엄마는 경품 행사가 있을 때마다 '원영'을 썼다. 다른 때에도 종종 그랬다. 그러니까, 매번 그러지는 않았다는 얘기다. 은행이나 주민센터, 병원 같은 곳에 갔을 때에는 또박또박 본명을 적어냈다. 공교롭게도 엄마는 도무지 불릴 리 없을 것 같은 순간에만 '원영'이라는 이름을 사용했다. 내가 아는 한, '원영'이라는 이름으로 엄마를 불러준 사람은 원영밖에 없다.

 어째서 '원영'이냐고, 물어본 적이 있다.

 "원영을 거꾸로 읽어봐. 영원. 영원이 되잖아."

 발그레 웃으며 엄마는 답했다. 그게 원영의 비밀이라고 했다. 엄청난 비밀을 알려주는 듯한 표정이었다. 나는 영원이라는 단어를 좋아해본 적은 없었지만, 영원이라는 단어를 자신의 이름으로 선택한 엄마의 마음은 좋아했다.

    소설 「초파리 돌보기」는 해피엔딩을 써달라는 원영의 부탁에서부터 엉키기 시작했다. 행복한 소설을 써보라는 말은 귀에 못이 박히도록 들어왔지만, 원영에게 알겠다고 대답한 것은 처음이었다. 아무것도 걱정하지 말라고, 행복하게 끝이 나는 이야기를 쓰겠다고 나는 말했다. 사실은 소설을 포기하는 심정이었다. 원영이 말하는 해피엔딩은 일종의 거짓처럼 느껴졌다. 기적처럼 느껴지기도 했다. 기적을 행하는 건 내 능력 밖의 일 같았다. 크면 원영에게 으리으리한 집을 사 주겠다던 어린 시절의 약속과 다를 게 없었다.
    나는 두 사람에게 원영의 부탁에 대해 털어놓았다. 첫 번째는 나의 언니였다. 누군가가 내 소설의 결말을 정해두고 그가 원하는 대로 써달라고 한다면, 내가 어떻게 해야 할지를 물어보았다. 그 사람이 누구인지는 모르겠지만, 그런 부탁은 들어주지 않아도 된다고 언니는 단호하게 말했다. 작가는 쓰고 싶은 대로 소설을 쓸 권리가 있다고 했다. 나는 그제야 나에게 부탁을 한 사람이 원영이라는 사실을 말했다. 언니는 말이 없어졌다. 표정이 순식간에 어두워졌다. 정말 네 마음대로 소설을 쓸 것이냐는 물음을 담아 나를 쳐다보았다. 안 쓰면 안 썼지, 쓴다면 해피엔딩을 쓸 거라고 나는 말했다. 그제야 언니는 안도의 한숨을 내쉬었다. 언니는 금세 밝게 웃었다.

두번째는 동료 작가였다. 그는 언니와 달리 나의 가족이 아니었고, 쓰는 일을 직업으로 삼고 있어서 내 심정을 더 잘 이해해줄 것 같았다. 나는 그저 원영의 불가능한 부탁을 하소연하고 싶었다. 소설을 포기하지 않으면 좋겠다고 그는 조심스럽게 말했다. 소설을 위해서 하는 말은 아니라고 했다. 원영의 삶과 나의 삶을 위해서라고 했다. 쓰면서 갈등을 겪고 나면 소설은 망해도 내가 나은 사람이 될지 모른다고 했다. 나는 원영과 언니 그리고 동료 작가, 세 사람의 얼굴을 번갈아 떠올리며 내가 쓰고 있는 소설을 견뎌갔다.

원영의 몸에서 털이 식물처럼 자라나고 근육이 점점 탄탄해지는 장면. 그것만 쓰면 소설이 끝나는데, 한 글자도 써지지 않았다. 그 문장들을 써내는 게 불가능할 것 같았다. 무더운 여름에 시원한 물을 벌컥벌컥 마신다거나, 점심을 먹고 나서 달콤하게 낮잠을 잔다거나, 참아왔던 말을 드디어 쏟아내는 순간에 느낄 수 있는 쾌감과는 정반대의 감정. 이를테면 통증을 느끼며 재활 치료를 하는 순간이나 떠지지 않는 눈을 겨우 떠가며 이불을 개켜놓는 아침처럼. 이 일을 해내야만 한다고 되뇌면 쓸 수 있을 것 같았다. 소설을 쓰는 일이 내가 원하는 세계를 지켜내는 일이라 믿은 적이 있다. 그러나 내가 원하는 세계는 무엇이었을까.

　원영은 내게 무엇인가를 '하라'고 말한 적이 없다. 설거지나 과일 깎기 같은 집안일을 시킨 적도 없지만, 열심히 공부하라는 말을 한 적도 없다. 시험 전날 책상에 앉아 문제집을 풀고 있으면, 슬그머니 방에 들어와 그만하고 자라고 했다. 원영이 내게 하라고 말하는 건 먹는 것, 자는 것, 행복한 것밖에 없었다. 작가라는 직업을 선택한 이후에도 마찬가지였다.
　"솔아야, 너무 열심히 쓰지 마."
　원영은 말했다. 그 말이 나는 못내 서운했다. 내게 아무런 기대도 하지 않는 것만 같았다. 열심히 하려는 사람에게 왜 자꾸 그런 말을 하느냐고, 나는 불만을 섞어 볼멘소리를 했다.
　"너무 열심히 하면 무서워져."
　공부든, 글쓰기든, 사랑이든. 그 무엇이든 너무 열심히 하는 사람을 보면 그 사람이 죽을지도 모른다는 두려운 생각이 든다고 원영은 말했다. 내가 모르는, 원영은 잘 아는 이들을 떠올리고 있는 것 같았다.
　너무 열심히 쓰지 마.
　소설 「초파리 돌보기」를 쓸 때 자주 떠올린 말이다. 원영이 내게 누누이 말해왔던 것처럼 원영도 잘 먹기를, 잘 자기를, 행복하기를. 오직 그것만 바라보고 있는 내 자신을 외면하지 않은 시간이었다.

겨누는 글쓰기

8월, A에게서 메일이 왔다. A는 번역가다. 내 소설을 번역하는 과정에서 생긴 궁금증 때문에 보낸 듯했다. 등장인물이나 개의 성별 같은 걸 묻는 질문이었다. 출판사로부터 A가 번역과 장애의 관계성에 대한 글을 쓴다는 얘기를 들은 적이 있다. 나는 그 글이 궁금했다. 그래서 질문에 대한 답변과 함께 당신의 글이 궁금하다고 적어 보냈다. A와 몇 차례 메일을 주고받았고, A가 몇 권의 책을 내게 권했다.

그중 하나가 요즘 읽고 있는 『뉴로트라이브』다. 자폐의 역사에 대한 책이라고 볼 수 있는데, 인상적인 것은 자폐 자녀를 정상 사회로 편입시키기 위해 부모들이 보인 행보다. 책은 나치가 장애인을 어떻게 가스실로 보내버렸는지에 대해 말한다. 자식을 가스실로 보내지 않기 위해 혹은 병동 같지도 않은 병동에 가두지 않기 위해, 한 부모는 독특한 전략을 펼쳤다. 그는 자폐와 장애를 분리하고자 했다. 소수에 불과한 서번트를 부각한 것이다. 그는 자폐인을 천재처럼 보이게끔 묘사했고, 외모 또한 출중하다고 적었다(이는 나치가 인종청소를 자행할 때 그 기준 중 하나로 외모를 보았던 것과도 관련이 있다). 사회로부터 자식을 지키기 위한 눈물겨운 노력으로 행한 일이었을 것이다. 당시로서는 파격적인 효과를 냈고, 지금도 미디어에서 자폐인은 주로 '천재'로 나온다. '천재성'이 없는 자폐 자녀를 둔 부모들은 다른 활로를 찾아냈는데, 지금의 시선으로 보았을 때에는 어처구니없는 것들이다. 백신을 잘못 맞아서 혹은 오염수에 노출되어서 자폐가 생겼다거나, 영양제를 잘 먹으면 자폐가 사라진다거나 하는 얘기다. 슬픈 것은 이 얘기 전부에 희망이 깃들어 있다는 점이다. 장애는 일종의 질병이기에 완전한 회복이 가능하리라는 희망. 언젠가 정상인이 되어 정상 세계에서 살아갈 수 있으리라는 결론.

그러나 이 책에는 자폐 당사자의 목소리가 거의 나오지 않는다. 관찰자의 입장에서 서술되어 있기도 하고, 정상 세계에서 언어를 획득한 이들의 목소리가 분량 대부분을 차지한다.

자폐스펙트럼장애 당사자인 캐서린 메이가 쓴 『걸을 때마다 조금씩 내가 된다』에는 조금은 다른 내용이 나온다. 성인이 되어 뒤늦게 자폐스펙트럼장애 진단을 받게 된 캐서린 메이는 무척이나 기뻐한다. 의사는 이 점을 의아해한다. 대부분 어떤 진단을 받으면 당사자는 좌절하는 것처럼 보이는데, 자폐스펙트럼장애 진단을 받은 사람들은 하나같이 몹시 기뻐한다는 것이다. 정상 사회에서 번번이 낙오된 이유가 자신의 잘못 때문이 아니라는 것을 알게 됐기 때문이다. 정상 사회에 편입되기 위해 발버둥 치며 느껴왔던 자책을 더는 느끼지 않아도 된다는 기쁨이기도 했다.

같은 장애를 다루지만 온도 차를 보이는 두 권의 책을 읽으며 나는 갈팡질팡했다. 두 권은 전달하고자 하는 내용이 비슷했다. 같은 방향성을 갖고 있는데도 보고 있는 면은 달랐다.

†

조문영의 『빈곤 과정』에는 사회주의국가인 중국에 자본주의가 들어오며 어떤 변화가 발생했는지에 대한 이야기가 나온다.

> 노동자들은 개혁개방 이전 마오쩌둥 시대를 회고할 때 의존의 대상으로 소속 단위나 공산당, 국가를 주로 언급했다. "정부에 의지하고, 인민에 의지하라依靠政府, 依靠人民"는 마오 시대의 대표적 구호다. (중략) "아니, 노동자가 단위 체제에 의존依靠하지 않고 어떻게 사회주의가 가능했겠어?" '이카오'로 표현된 마오 시대

의 의존은 낙인이라기보다 일종의 행위 양식 modern of action이었다.*

   사회주의 인민이 되기 위해 개인적인 부를 추구하지 않는 것을 미덕으로 삼았던 그들은, 시장경제가 도입되며 '빈곤 계층'이 되어버렸고, "독립심과 책임감이 없고, 노동할 생각은 않고 방탕만 일삼으며, 결국에는 사회생활에 적응하지 못해 사회와 타인에 피해를 주고, 범죄의 길로 빠지기"(p. 76) 쉬운 이들로 취급받고 있다고 한다. 이 책 후반부에는 한국 대학생들의 이야기가 나온다. "자기계발과 경쟁을 일찌감치 체화할 수밖에 없는 환경에서 성장한 엘리트 청년"이라고 말해지는 이 대학생들은 "정치적으로 진보 성향이 강"하며, "자립, 공정, 노력을 최선의 가치로 보는 관점에 대개 비판적"(p. 330)이다. "연구자의 도발적인 주장을 반"(p. 331)기는 면이 있으며, "가족구성원, 기본소득, 동물권, 비거니즘, 기후행동 등"(p. 321)에 목소리를 내는 이들이기도 하다. 그럼에도 "오랜 경쟁과 노력의 과정에서 빚어진 습성" 때문에 그들은 이성적으로는 자립을 비판했지만, 자신의 자립을 은연중에 공정한 경쟁의 결과로 받아들이며 "사회에서의 성취를 인정받기 위해 추구해야 할 원칙으로 내면화"(p. 331)했다는 걸 종종 들겼다.

   *   조문영, 『빈곤 과정』, 글항아리, 2022, pp. 75~76.

자본주의에 대한 통렬한 비판이 담긴 글을 읽을 때면 속이 뻥 뚫리는 것만 같다. 내가 은연중에 기다리던 게 바로 이거야, 하는 생각이 매번 든다. 그러나 나는 곧이어 생각한다. 페미니즘 리부트 당시 내가 아주 인상적으로 들은 단어는 '위치성'이다. 여성학자 정희진의 강의에서 들었다. 정희진의 말에 따르면 위치성이란 "그래, 네 말이 다 맞아. 근데, 네가 할 말은 아니잖아?"다. 나는 그 말을 듣고 깔깔 웃었다. 위치성에 맞지 않는 발언들을 남발하는 사람들이 떠올라 통쾌함이 느껴졌던 것이다.

　문제는 이제 내 위치성이 헷갈린다는 거다. 나는 한때 '인민'이 되려고 노력했다는, 개인적인 부를 쌓지 않으려 했다는 중국 사람들의 마음을 알 것 같다. 너무 옛날이야기이기는 하지만, 고등학교를 그만둘 때 분명 그런 자각이 있었고 그때의 마음이 깊게 각인되어 있다. 탈자본주의 없이 괜찮은 미래는 없을 거라고 생각하기도 한다. 하지만 한편으로 나는 탈학교 청년으로 살아가는 걸 그만둔 사람이고, 적극적으로 입시에 뛰어든 사람이기도 하다. 『빈곤 과정』에 나오는 대학생들처럼 오래도록 경쟁하며 살아왔고, 그래서 노력을 내 자산으로 여기기도 한다. 자본주의를 거절하는 문장을 읽고 해방감을 느끼다가도 돌아서면 낙차를 느낀다.

　나는 양쪽을 오락가락한다. 장애를 가진 자식을 어떻게

든 사회에 편입시키려 했던 부모의 마음을 조금은 이해한다. 동시에 자폐스펙트럼장애 진단을 받은 사람들이 어째서 기뻐했는지도 이해한다.

결국 애매하다는 생각이 드는 거다. 가끔 2017년에 쓴 시를 떠올린다. 「빨간」*이라는 시인데, 나는 그 시에 "말할 수 없는 고통들이 말해지는 동안/믿어본 적 없는 소원이 이루어진다"라고 썼다. 페미니즘 리부트의 열풍 속에서 그 시를 쓰며 나는 단호했다. 단호했기에 강한 면이 있었다. 하지만 나의 단호함에 균열이 한번 생긴 이후로 나는 무엇에 대해, 어떤 방향으로 단호해야 하는 건지 이전처럼 잘 알지는 못한다.

†

그러던 와중에 안보윤의 소설집 『밤은 내가 가질게』(문학동네, 2023)를 만났다. 그들의 위치성은 명확하지 않다. 소설 속 인물들은 데이트폭력, 아동학대, 학교폭력, 가스라이팅의 피해자면서 어떤 경우에는 방관자였다. 심지어 어떤 경우에는 피해에 대한 공포 때문에 가해에 가담하기도 한다. 현실감각 없이 선의에 도취된 사람들이 벌이는 각종 사건 사고의 뒷수습을 하느라 원치 않는 악역을 떠

---

* 임솔아, 『괴괴한 날씨와 착한 사람들』, 문학과지성사, 2017.

맡기도 하고(「밤은 내가 가질게」), 반대로 현실감각이라는 것을 도무지 키워낼 수 없는 환경에서 "모자란 아이"(「미도」)라는 누명을 쓰고 살아가기도 한다. 이 인물들은 "억울해 미칠 것 같은 날"들을 보내면서도 한편으로는 "함부로 억울해"(「완전한 사과」)해서는 안 된다고 되뇐다. "하루만 안전하고 배부르길 바라면서 살"기를 원하며 "희망이 가장 두렵고 끈기가 가장 무서운, 그런 세상에 살고 있다"고 냉소적으로 외치면서도, 동시에 "다만 상냥"(「밤은 내가 가질게」)한 사람이 될 수 있는 순간을 내심 꿈꾼다. 인물들은 복잡한 위치성 때문에 선뜻 어느 한쪽에 서지 못한다. 자신의 생각을 쉽게 말로 꺼내지 못한다. 어떤 말을 꺼내야 할지 복잡하기 때문이다.

  나는 발화 욕망을 드러내는 소설보다 발화 반대편에 있는 인물을 그려내는 소설의 편을 늘 들게 된다. 안보윤의 소설도 그랬다. 안보윤의 소설 속 인물들은 내내 말을 삼키고 있었다. 삼키고 삼켜낸 끝에 인물들은 선택을 하고 행동을 했다. 그 행동은 "아무것도 하지 않는"(「애도의 방식」) 방식으로 표현되기도 하고, "나는 선한 사람이 아니에요"(「미도」)라는 선언으로 표현되기도, 유기견 입양서류에 사인을 하는(「밤은 내가 가질게」) 방식으로 표현되기도 한다. 안보윤은 인터뷰에서 이 행동을 두고 "상처를 경험해본 사람만이 할 수 있는 다정한 말"이라고 표현했다. "정말 필요한 말을 찾으려 했다"고.

"다정한 말"이란 무엇일까. 이 인물들은 다정함과는 거리가 있어 보인다. 그들은 부드럽게 미소 짓지 않는다. 손을 붙잡거나 등을 쓸어내리거나 토닥이며 포옹하지 않는다. 소설의 전체적인 분위기도 온화함과는 단호하게 거리를 둔다. 「애도의 방식」에서 학교폭력 피해자인 '동주'는 가해자를 살해했을지도 모른다는 의심을 받는다. 그래서 동주는 정말로 사람을 죽인 것일까, 아니면 억울한 누명을 쓰게 된 것일까. 소설을 읽는 동안 나도 그 진위를 가장 궁금해했다. 소설이 끝나갈 때에야 알게 되었다. 이 소설은 나 같은 독자가 줄곧 가졌을 이 궁금증을 겨누고 있구나. 나는 내 궁금증에 반감을 갖게 된다. 내 잘못을 깨닫게 되는 것이다. 동주는 나 같은 독자 앞에서 아무 말도 하지 않을 권리가 있었던 것이다. 살인을 했는지 안 했는지 굳이 명쾌하게 답하지 않을 이유가 있었던 것이다. 나는 그제야 이 소설의 제목을 다시 되뇌었다. '애도의 방식'.

자기 자신을 지키기 위해서가 아니라 타인을 위하여 입을 굳게 다무는 순간이 있다. 안보윤의 소설 속 인물들이 줄곧 그렇다. 「완전한 사과」에서 '나'는 폭력을 멈추기 위해 열 살짜리 아이를 바닥에 나동그라지게 만든다. 억울한 피해자였던 '나'는 그 순간 더는 피해자만은 아니게 되어버린다. "이런 짓밖에 할 수 없는 인간이었구나" 한탄하면서, "상대를 힘껏 내던지는 인간이 될 수밖에 없나?" 되뇌면서. '나'는 끝까지 애원한다. "그래도 사과를" 하라고.

사과를 받고 싶기 때문은 아니다. 그래야 열 살짜리 꼬마인 '승규'가 끔찍한 어른으로 자라나지 않으니까. 그런 순간이라면, '나'는 가해자의 미래를 위해 또 다른 가해자가 되기를 선택할 수도 있는 것이다.

「밤은 내가 가질게」에서 '나'는 "또 사람을 믿고 온몸을 내던지"는 '언니'를 향해 "정말 개 같다"며 냉소한다. 사람을 믿는 행위가 어떤 배신으로 되돌아왔는지 줄곧 목격했기 때문이다. 그러나 정작 언니가 데려오고 싶어한 유기견이 안락사당할 위기에 처하자, '나'는 언니를 대신해 유기견 입양 서류에 사인을 한다.

이쪽과 저쪽 사이를 방황하는 가운데에서, 계속 방황하면서도 다정할 수 있지 않을까. 나로서는 모든 것을 포용하는 부드러운 미소는 지을 수 없을 테지만, 안보윤식의 다정이라면 방법을 찾아낼 수 있을지도 모른다는 생각을 했다. 끝까지 어떻게든 해보려는 마음. 자기 자신이 더 나빠질지라도 타인을 위해 더 나은 선택을 감내하는 마음. 요약할 수 없을 정도로 엉켜 있는 인간의 복잡한 심정을 축약 없이 고스란히 전달하려는 마음. 이런 마음들에 전력을 다하는 작가의 마음. 겹겹의 입장과 태도를 안보윤은 모두 껴안는다.

『뉴로트라이브』에서 인류가 자폐의 무엇을 왜 삭제해왔는지를 알게 되는 일.『걸을 때마다 조금씩 내가 된다』의 캐서린 메이가 자기 자신의 자폐를 발견하는 데에 오랜 시간이 걸릴 수밖에 없었다는 걸 보게 되는 일.『빈곤과정』이 파헤친 자본주의의 편파성으로 나 같은 사람이 겨우 나의 이중 정체성을 알게 되는 일. 안보윤의 소설은 기나긴 독서 여정의 끝에서 나를 기다리고 있었다. 한쪽으로 선을 긋고 몸을 빼지 않으면서, 단호한 자세로.

눈동자

 나는 박을 그날 처음 보았고, 박을 마지막으로 본 사람이 되었다. 그때 나는 술집에 친구와 함께 있었다. 친구는 심심하다며 박을 불러냈다. 취기가 오르자, 친구는 박과 심하게 다퉜다. 그들이 다투는 걸 나는 구경만 했다. 조용히 앉아 안주만 집어 먹었다. 둘은 점점 목소리를 높였다. 여기서 나가라며 친구가 박에게 소리를 질렀다. 박은 나갔다. 그리고 그길로 자살했다.

 나는 박에 대해 아무것도 알지 못한다. 그날 딱 한 번 보았을 뿐이다. 박이 몇 살인지, 무슨 일을 하는지, 아무것도 아는 게 없다. 친구가 많았는지 적었는지, 어떤 고민을 안고 살았는지, 관심 있는 사람에게 가질 법한 궁금증을 나는 박의 부고를 전해 듣고 난 다음부터 갖게 되었다.

 몇 년이 지난 지금도, 박이 종종 떠오른다. 박의 죽음에 대하여 골똘한 생각에 빠진다. 그때 그 술집이 있던 골목을 지나갈 때. 처음 보는 사람이 뒤늦게 술자리에 나타나 합석을 하게 될 때. 인사를 건네고 이름을 물어보고 서로 계면쩍게 웃다가 침묵할 때. 옆 테이블에서 취객들이 다투는 소리가 들릴 때. 한밤중 집에 가려고 택시를 탈 때. 택시가 강변북로를 달려갈 때. 새카만 한강에 촘촘히 박힌 불빛이 물결을 따라 찢어질 때. 자꾸 박이 떠오른다.

그 술집은 사라졌다. 그 친구와는 연락이 끊어졌다. 그날 친구는 왜 박과 다투었을까. 그들의 대화가 전혀 기억나지 않는다. 그들과 함께 앉아 있었지만, 나는 대화를 듣지 않았다. 다른 생각에 열중하고 있었다거나 싸움에 끼어들고 싶지 않아 사렸던 것은 아니다. 친구에게도 친구의 친구인 박에게도, 나는 처음부터 관심이 없었다. 친구에게조차 관심이 없었다는 사실도, 박이 죽고 난 뒤에야 알게 되었다.

나가라는 친구의 호통에, 박은 가방을 챙기다 말고 나를 바라봤다. "나…… 가?" 하고 나를 보았다. 젓가락으로 안주를 집은 채 나는 물끄러미 박을 보았다. 박에게 아무 대답도 안 했다. 친구의 편을 들어주고 싶었던 것도, 대답이 곤란했던 것도 아니었다. 아무 생각이 없어서, 나는 아무 말도 안 했다. 5초 정도였을까. 박은 내 눈을 들여다보았다. "나…… 가?"라는 박의 말은 질문에 속하지 않았다. 네가 나를 붙잡아주어야 한다는 당부이자 친구가 지금 잘못하고 있는 것 아니냐는 항변이었다. "나…… 가?"라고 물으며 나를 보던 박의 시선이 나를 향한 당부였다면, 나의 멍한 시선은 박에 대한 묵살이었다. 5초 동안 지속된 박의 바라봄은 박이 취할 수 있었던 가장 간절한 부탁이었다.

 박은 자신을 보고 있던 나를 보며 고개를 끄덕였고 나가버렸다. 그게 박의 마지막 모습이다. 박의 끄덕임은 사람에 대한 포기였을 수도 있다. 그 끄덕임은 박의 삶 전체를 함부로 건드리는 친구의 호통을, 그 폭력을 받아들이겠다는 결의였을 수도 있다. 나의 방관은 친구의 폭력에 이의가 없다는 동조였을 수도 있다. 박은 단지 술김에 그 모든 걸 받아들였을까. 박이 죽을 결심을 하고 그걸 망설임 없이 실행해버린 까닭은 친구와의 다툼 때문이 아니었을 수도 있다. 내 눈동자 안에 담긴 무관심이 최종적인 이유가 됐을 수도 있다. 그렇지 않다 하더라도, 분명한 것은 박이 마지막으로 뚫어지게 바라본 것이 나의 무관심한 눈동자였다는 것이다. 박을 '없는 사람'으로 만든 잔인한 눈동자였다는 것이다.

 그날 박이 오지 않았더라면, 그래서 박을 보지 않았더라면 어땠을까. 시시때때로 출현하는 박에 대한 기억 같은 건 갖지 않았을 것이다. 기억 중에서도 가장 불편하고 야릇하며 이상한 이런 기억에 발목 잡힐 일은 없었을 것이다. 박은 내게 '아예 없는 사람'이 되었을 것이다. 그날 박이 죽지 않았더라면 박은 내게 단 한 번 본 사람으로 남았을 것이고, 차차 기억에서 지워져버렸을 것이다. 박이 죽어 없어졌기 때문에, 모든 것이 달라졌다. 나는 박을 한 번 본 적 있는 사람 정도로 기억할 수 없게 되었다. 나는 박을 시시때때로 바라보게 되었다. 박과 마주 보았던 5초와 박이 5초간 바라보았을 내 눈동자가 잊히지 않는다.

에필로그: 다시, 뒷면에게

 진심으로 거짓말을 늘어놓는 편지를, 오랫동안 써왔다. 문방구에 들어가 한참이나 주춤거리며 골랐던 편지지에. 시험 예상 문제를 빼곡하게 적어두었던 노트 맨 마지막 장에. 새벽녘에 도착해 있던 누군가의 메일에.

 사랑하는 친구에게. 사랑하는 너에게. 나는 정성껏 거짓말을 고백했다. 나는 나를 설득해내려 애쓰고 있었다. 최선을 다한 거짓말이 사랑이라고, 중요한 것은 이 사랑을 지켜내는 일이라고, 그렇게 생각했는지도 모른다.

 상자 속에 차곡차곡 모아두었던 편지들을 하나씩 꺼내어 읽어보는 날이면, 더 이상 편지를 주고받을 일이 없는 이들과 나눈 편지를 발견하고는 했다. 함께 좋아했던 영화 포스터에 적어주었던 편지와, 함께 갔던 여행지에서 산 엽서에 적어주었던 편지와, 어릴 적 당신의 사진이 끼워져 있는 편지. 그제야, 이미 많은 것들이 지나가버린 후에야, 그들 또한 나처럼 내게 진심을 다해 거짓말을 해왔다는 사실을 알게 되었다. 진심이 진실이길 기도해왔다는 것을. 그러나 차마 할 수 없었던 말들이 벽 속에 숨어 사는 개미들처럼 그 편지 뒷장에 빼곡하게 숨어 있었다는 것을.

우리가 식탁에 나란히 앉아 사과 한 알을 사이좋게 나누어 먹었을 때, 그런 열매 한 알이 우리 사이에 있어 우리를 먹이고 있다고 믿었을 때, 사과의 껍질이 벗겨지고 씨앗이 도려내지고 단 살만 조각나 입속에서 곤죽으로 으깨질 때, 우리에게도 그런 일이 벌어지고 있었을까. 우리가 함께 꺾어 온 들꽃이 식탁 위 물병에서 모가지만으로 아름다웠을 때, 하지만 운명처럼 쉰내를 풍기며 시들어갔을 때, 목을 잃은 들꽃 줄기는 우리가 지나간 어느 길에서 여전히 줄기만으로 자라나고 있었을까.

그런 생각을 하고 있으면 우리의 첫 만남이 떠올랐다. 악몽이 비처럼 쏟아지는 날이었다. 빗방울도 돌덩이처럼 맞아야만 하는 나방들이 있었다. 그 나방에게 어느 잎사귀의 뒷면이 간신히 우산이 되어주었던 것처럼, 우리는 그렇게 만났다. 단 한 번도 햇볕을 쬐지 못한 너의 뒷면이 이 악몽에서 나를 구해준다고, 너의 뒷면을 사랑한다고, 그게 정말 너라고, 뒷면에만 자라나는 솜털에 젖은 몸을 부비고 말리며, 우리는 그렇게 만났다.

어떻게. 악몽을 안아주는 일이 악몽이 되어버릴 수가 있을까. 뒷면을 사랑했던 일이 뒷면을 외면하는 일이 되어버릴 수가 있을까. 서로를 삼켜내려고, 서로를 삼켜내지 않으려고, 우리의 내면은 비극적 평화로 오래 곪아갔다. 우리를 지키려던 우리의 고백이 우리를 지켜낼 수 없게 만들었다.

어려서부터 오갔던 그 많은 편지가 조금만 더 솔직했더라면, 거짓된 진심이 아니라 우리의 진실이었더라면, 우리가 길게 늘린 비극적 평화는 조금 줄어들었을까. 사랑한다는, 당신은 아름답다는, 용서한다는 그 후광은 우리를 얼마나 가두어왔을까. 나의 치부를 드러내는 것이 사랑하는 것보다 더한 용기가 될 수도 있을까.

나에게 나를 털어놓고 싶을 때, 나조차 외면하고 싶었던 내 얼굴이 복통처럼 내 안에서 나를 쿡쿡 찔러대기 시작할 때, 우리가 나누었던 사랑이라는 것이 더 이상 이 얼굴을 쓰다듬어줄 수 없다는 것을 알게 될 때, 무엇을 사랑해야 할지를 알 수 없어졌다. 중요하다고 믿었던 것들이, 중요하지 않은 것이 되어버렸다.

그때에는 사랑이라는 단어가 어색하게 느껴졌다. 나의 민낯을 겹겹이 묻어두어서 나조차 나를 볼 수가 없었다. 내 사랑의 얼굴이 나의 얼굴이라고, 나는 너무 오래 믿어왔다.

그런 후에야, 사랑이라는 것은 어쩌면, 내 민낯을 바라볼 용기일지도 모른다는, 그런 생각이 들었다. 그런 후에야, 외면하던 것들을 조금은 바라볼 수 있었다. 중요하다고 믿었던 사랑이 사라진 후에야, 그보다 중요하지 않다고 꾹꾹 묻어두었던 것들이 내게 다가왔다. 회전목마를 타는 아이처럼 풍경의 중심을 빙글빙글 돌며, 눈길을 주지 않았던 것들을 특별한 것처럼 휘둥그레 바라보았다.

폐교의 텅 빈 운동장에는 억새가 내 키보다 높이 자라 있었다. 보름 만에 일어난 일이었다. 억새 가닥이 폭죽처럼 갈기갈기 찢어져 있었다.

매일 저녁 7시면 한 남자가 이 폐교 담벼락에 혼자 공을 찼다. 회색 티셔츠가 검게 물들 때까지. 해 질 녘의 억새는 마치 원래 그랬던 것처럼 붉은빛이었다.

해가 지고 나면 대문 앞에 쪼그려 앉아 한 방향만을 바라보는 노인들이 있었다.

해가 지고 나면 대문 앞에 쪼그려 앉아 사람이 지나갈 때마다 우는 고양이들이 있었다.

청솔원룸 1층에 사는 사람은 길거리에서도 들리도록 밤새 텔레비전을 크게 틀어놓았다.

썩어버린 고구마 살점을 도려내서 풀밭에 버려두었는데, 잘린 고구마에서 싹이 무럭무럭 자라 있었다.

누군가 두고 간 칫솔이 아무도 쓰지 않는데도 닳아 있었다. 컵 속에 고인 물이나 습기 따위 때문일 것이다.

혼자서 열심히 쭈그러든 풍선이 어느 날부터인가 쭈그러들지도 않았다.

아침마다 창의 경계에는 벌레들이 죽어 있었다.

이런 것들을, 나는 마냥 오래도록 바라보았다.

아무도 돌보지 않은 것들. 아름답지도 않은 것들. 끝까지 혼자인 것들. 혼자서 자라나고 혼자서 그렇게 남는 것들. 사랑하고도 묻어버렸던 너의 민낯. 나의 민낯.

노트를 펼치고, 이런 것들에게 편지를 쓰기 시작했다. 끝내 알 수 없던 것들은 끝내 알 수 없었지만, 다만 이런 것들에게 겨우 말하기 시작했다. 이 폐허를 사랑한다고.

그 누구에게도 보낼 수 없는 이 편지들이 나에게 문학이 되었다고 말해도 될까. 이것들을, 내가 외면했던 당신들에게, 나에게, 세상의 어떤 뒷면들에게 보내는 뒤늦은 사랑이라고 말해도 될까.

더 오래 당신들의 뒷모습을 보고 싶다.

수록 작품 발표 지면

프롤로그
  『시로 여는 세상』 2015년 가을호.

1부
내가 쉬지 못하는 것
  「2024 젊은작가포럼: 문학적」 발제문, 대산문화재단·교보문고.
내 눈동자에서 모니터에 이르기까지의 공간
  『문학동네』 2024년 여름호.
회고 둥근 부분의 부분
  미술작가 봄로야와의 공동 작업 「no(i)se walk」, 사유지, 2018.

2부
스물셋
  『쎄씨』 2017년 10월호.
너무 맛있는 빵
  「젊은작가의 樂취미들」, 〈문장 웹진〉 2016년 1월호.
"ㄴr 솔oLoF"
  「아뇨, 문학은 그런 것입니다」, 『문학동네』 100호 특별부록, 2019.
잠시 중지된
  「우리 시대, 집으로 가는 길」, 『대산문화』 2021년 봄호.
또 무엇이 우리를 기다리고 있을까
  2020년 서울국제도서전 리미티드 에디션 『혼돈삽화』.
비단처럼 부드러운 그 무엇인가가
  당신은 어떤'가요', 〈인문 360〉, 2021.
첩의 손녀
  〈문장 웹진〉 2015년 3월호.

3부
나누지 못했을 이야기
  강지윤의 미술전시 〈After Image〉 서문, 김희수아트센터
  아트갤러리, 2021.
나눠본 적 없는 대화는 어떻게 나눌 수 있을까
  웹진 〈비유〉 2024년 5/6월호.
선배의 생일을 축하하러 갔다
  『우먼카인드』 10호, 바다출판사, 2020.
언니와 나는 동네 친구였다
  『우먼카인드』 9호, 바다출판사, 2020.
열아홉 살 때 나는 다이미(大味)라는 가게에서 아르바이트를 했다
  『우먼카인드』 8호, 바다출판사, 2020.
그녀는 40킬로그램
  『우먼카인드』 11호, 바다출판사, 2020.
위하는 일
  「서브텍스트 읽기」, 『문학 선』 2018년 봄호.

4부
다른 냄새
  『시와사상』 2014년 겨울호.
물음표는 떼어버려도 그만
  「시작-시인」, 『문학과사회 하이픈』 2021년 봄호.
매일 밤 운동장
  김승일 외, 『교실의 시』, 돌베개, 2019.
나자로여 나오너라
  『시작』 2015년 봄호.
닿을 수 없음에 다가가기
  「이야기되는 역사, 이야기하는 여성」 발제문, 『2022 젊은작가포럼:
  전복과 회복』, 대산문화재단.
할머니가 읊은 아주 긴 시
  『포지션』 2015년 봄호.
창작 메모 1
  『현대시』 2024년 6월호.

창작 메모 2
  하재연 외, 『2024 '작가'가 선정한 오늘의 시』.
창작 메모 3
  임솔아 외, 『2022 제13회 젊은작가상 수상작품집』, 문학동네, 2022.
겨누는 글쓰기
  문학동네 메일링 서비스 〈소설가의 독서일기〉, 2023.
눈동자
  「그 5초를 잊지 못하리」, 『한겨레』 2016년 3월 4일 자.

에필로그
다시, 뒷면에게
  웹진 〈K-ARTS〉 2013년 겨울호.